华为工作法

华为公司25年来核心工作方法，重磅披露！

黄继伟 编著

中国华侨出版社

北京

图书在版编目（CIP）数据

华为工作法 / 黄继伟编著. —北京：中国华侨出版社，2016.4

ISBN 978-7-5113-6022-9

Ⅰ. ①华… Ⅱ. ①黄… Ⅲ. ①通信—邮电企业—职工—工作方法—深圳市 Ⅳ. ①F632.765.3

中国版本图书馆CIP数据核字(2016)第064261号

华为工作法

编　　著：黄继伟
出 版 人：刘凤珍
责任编辑：紫　夜
封面设计：刘红刚
经　　销：新华书店
开　　本：787mm×1092mm　1/16　印张：19.5　字数：300千字
印　　刷：三河市冀华印务有限公司
版　　次：2016年5月第1版　　2019年3月第16次印刷
书　　号：ISBN 978-7-5113-6022-9
定　　价：39.80元

中国华侨出版社 北京市朝阳区静安里 26 号通成达大厦 3 层 邮编：100028
法律顾问：陈鹰律师事务所
发 行 部：（010）82068999　　传真：（010）82069000
网　　址：www.oveaschin.com
E-mail：oveaschin@sina.com

前言

华为公司是近年来风头最盛的中国企业之一，在国际上也是声名显赫。在短短二十几年的时间里，华为从一家默默无闻的小企业，逐渐壮大成为通信设备行业中的翘楚，从一开始只能在农村和县城里开拓市场的公司，变成了横跨亚洲、非洲、欧洲等地区的跨国公司；从一个当初以2万元资本起家的小公司，成了年营业额约3000亿元的超级公司。

这样的扩张速度令行业内的竞争者叫苦不迭，他们都忍不住惊呼“狼来了”。世界通信巨头思科公司的总裁钱伯斯也对华为刮目相看，认为此前思科从未将华为放在眼里的做法是大错特错的。虽然钱伯斯对华为一直抱有敌视态度，但他仍旧警觉地提醒公司里的所有人“在今后几年里，思科将只有一个竞争对手，它就是华为”。美国政府为了保护国内的相关产业，竟然以危害政治安全为由数次将华为拒之门外，而这种做法只不过更加显示了华为超强的生存与竞争能力。

一方面华为不断扩张，另一方面华为保持神秘与低调，以致外界并不真正了解华为公司的情况，这也是为什么美国政府始终抓着这个把柄将华为排斥在外的原因。当然，实际上很多人，包括华为的拥趸以及竞争者，也都在想办法了解华为，不过他们更想弄清楚的是华为成功的秘诀，并从华为的成功中汲取经验。

由于保持着神秘性，外界对华为常常会产生一些误解，比如很多人认为华为是一个依靠人数优势和加班文化来实现发展的公司，实际上这样的看法仍然停留在20世纪90年代人们对华为的印象上。这些印象在某种程度上加深了外界的疑惑和不解，因为在那之后，有一大批企业试图追随华为的发展模式，但收效甚微，相比之下，很多人都不免产生了一些疑问。

事实上，经过十几年、二十几年的发展，华为早就脱胎换骨，当初的一些方法和体系也得到了完善，而且引入了新的管理体系和流程，而它的成功在于能够完美地将这些体系融入自己的工作当中，并且细化成各种工作方法，这样员工就可以在战术层面更好地理解和执行这些政策、理论。

因此，无论是对于企业还是个人来说，想要学习华为，想要从华为那里真正获取有意义、有价值的东西，那么所学习的不应该只是华为的体系，不应该只是所谓的企业文化，而更应该是华为在运作过程中存在的各种工作方法以及华为人的工作态度和方式，因为这些是华为运作模式的精华。而且企业或个人的发展最终要依靠具体的工作，这些工作能否产生更高的效率，员工能否拥有更好的表现，很大程度上依赖于工作方法和态度。

为什么华为公司的工作效率很高？为什么华为员工的执行力处于业内一流水平？为什么华为公司要比其他公司更具竞争力？华为的核心竞争力是什么？它依靠什么来获得发展？为什么自己努力工作却收效甚微？为什么工作总是越做越忙，越忙越乱？为什么工作中的错误总是越做越多？为什么公司的业绩始终不见起色？为什么管理得很严格，却总是难以起到应有的效果？通过对华为工作法的深层次挖掘和了解，我们就能够解决工作中的这些疑惑。

很多企业家渴望打造一个华为式的公司，希望拥有华为公司那样的员工；很多上班族也想要像华为人一样工作，想要像华为人一样做出出色的成绩。那么，华为人究竟是怎样工作的呢？

本书立足于华为公司的实际情况，从华为发展过程中的案例、华为人的经验与任正非本人的言谈出发，着重讲解了华为公司的目标管理、工作执行、工作原则、工作态度等情况，从中提取和整合相关的工作法则、实际的操作方法，然后通过相关理论的解读与分析来进行扩展，从而帮助读者更好地理解和掌握华为人的工作方式以及工作态度，并且使他们从中获取工作的经验。

作为描写华为工作方法和法则的书籍，本书列举了大量的华为案例，但在理论解读时，本书避免了填鸭式的理论说教，而是尽量做到简单化、通俗化，并在理论说明时提供一些符合实际情况的建议，这样就更能够贴近现实的工作需求，也能够帮助读者更好地将华为工作法与自身的工作方法结合起来，从而获得相对轻松的阅读体验。

目　录

第三章　华为中的每个人既是工作者，也是管理者

第四章　科学合理的华为工作原则

第五章　态度有时候比能力更加重要

第八章　自我提升的华为人

第九章　更快乐地工作

第一章 华为的工作目标管理法

无论做什么事情，首先要明确的就是做事的目标。目标是引导行动的关键，也是证明行动所具备的价值的前提，所以目标管理成了企业与个人管理的重要组成部分。华为公司非常重视目标管理，并且制定了符合SMART标准的目标管理标准。SMART标准是指Specific（要具体）、Measurable（可度量）、Actionable（可实现）、Realistic（结果导向）、Time-based（时间限定），这个标准强调了进行目标管理的基本态度，也为员工执行工作提供了一些基本思路。

1. 永远不能“先干起来再说”

以远大的目标规划产品的战略发展。

——任正非

很多人都有这样的经历，每天一大早坐到办公室后，就开始埋头苦干。虽然这样的工作状态总能够让老板感到满意，但实际上员工心里却常常处于盲目而混乱的状态，不清楚自己该做些什么，不清楚自己工作的目的是什么，也不清楚自己应该做到什么样的程度。

这是一个通病，大多数上班族在工作中会出现这种固化思维，他们通常不愿意去考虑自己工作的目标与意义，不愿意去花时间思考一下自己为什么要这样做。“既然老板让我这么做，那么我照做就是了。”这样的想法几乎成了上班族的工作理念之一，最终会影响个人的工作状态和工作效率。而对于老板来说，他们也无法容忍这种非常被动的、死气沉沉的工作方式。

华为公司目前虽然是国内最出色的企业之一，不过在发展初期也遭遇了很多问题，其中比较突出的就是员工们的业绩总是达不到预期目标，有时候工作结果与预期的目标相去甚远，这种情况给公司的发展带来了很大的危机。

实际上，当时华为员工都非常努力工作，加班加点是常事，可以说大家是真的为公司的发展付出了努力，正是因为这样，公司的管理者才对努力后的结果感到非常意外，他们不得不进行深入调查。他们很快就发现了问题所在，那就是大部分华为员工只是坚定的指令接受者，他们在接受任务后，通常就是立刻埋头苦干，很少愿意花时间来思考一下自己工作的目标，因此他们根本不知道自己最适合何时执行任务，不清楚自己该如何更合理地操作，也搞不清楚自己应该做到何种程度。

这种毫无目的性的工作方式无疑造成了工作的混乱，有的员工最终选择了错误的工作方法，有的员工则在混乱中擅自改变了目标，有的员工完成工作后才发现自己做的都是无用功。面对这种情况，任正非决定召开座谈会，让全体员工进行自我反省，同时也强化他们的工作意识，帮助他们建立和完善自己的工作目标，每个人在工作前都必须提供明确的工作目标以及完整的工作计划。通过工作方法的改革，员工的业绩很快得到了提升，而且公司的发展也逐步走上正轨，并按照预期的目标不断前进。

目标的缺失或者混乱，无论对于企业还是个人来说，往往是致命的。任何一个公司，都不希望招聘那些只知道一味埋头苦干的员工，毕竟脱离目标的员工同时也是脱离体系的，他们不仅不能真正为公司创造更大的价值，还会打乱公司原有的规划与部署。而对于员工个人而言，无目的的工作只会造成个人工作状态的混乱，会严重影响个人的工作效率，以及自己存在于工作中的价值。

很多时候，勤奋、努力并不意味着就一定能把工作做好，也并不意味着能把工作做对。有的员工几乎一天忙到晚，可能连吃饭时间、睡觉时间也大幅削减，但是加班加点并没有带来应有的效率；很多看起来工作中非常轻松的人反而总是能够把工作顺利完成。其实根本原因很可能就在于员工的工作目标是不是足够明确，在于他们是不是能够把握自己的工作方向。很多人都很忙，但是他们是否忙对了地方，是否忙对了方向，他们是不是在做一些正确的事情。这一点至关重要，因为方向错了，事情也就错了。

员工必须明白，任何行动都是由工作目标来决定的，一个人的工作绩效始终与目标紧密相连，目标混乱就意味着工作计划的混乱，因为执行过程中容易出现半途而废的情况。而目标的缺失更是会导致工作的盲目无序，最终也决定了工作的价值含量非常低，甚至是无价值的。

也许多数上班族仍旧处于一种为他人工作的思维中，在他们看来，自己的工作都是围着公司、围着老板来转的，自己只负责去做，至于具体该怎么做、做什么，要听领导安排。这种想法完全将员工自己排除在公司的发展规划与发展目标之外了。其实，公司是一个整体，公司的目标也应该成为员工的个人目标，或者说员工至少应该明白自己怎样做才能满足公司当前的发展需要，因此个人的工作目标不可或缺，而且与公司的发展目标应该是一致的。

华为公司在培训员工的时候，让每一个员工在工作开始前必须弄清楚五个要点：做什么，如何做，做多少，在哪儿做，为什么做。这五点是做好工作的前提，而工作目标的制定恰恰包含了这五个要素，因此制定目标实际上是做好工作的前提条件。可以说，目标具有很强的指向性与引导性，能够正确引导员工的工作，正像任正非所说的：“先瞄准目标，再开枪。”如果没有目标和方向，那么就是乱枪打鸟，无论员工的能力有多强，工作有多么勤奋，始终难以获得成功。

1954年，美国管理学大师彼得·德鲁克在《管理实践》中首次提到“目标管理”这个概念。德鲁克认为，无论是企业还是个人，并不是投入工作之后才开始制定目标，而是先制定目标，然后才开始进行工作，因为每一个人的工作都需要依靠目标来引领。

对于企业或管理者来说，重要的是进行目标管理，要让每一个员工都建立起目标，而对于员工自己来说，更要懂得建立工作目标，明确自己的工作方向与工作内容，然后按照目标一步步去行动。目标的导向性会约束员工的行为，会激发员工的工作动力，从而引导员工自发地将工作做好。这就是华为目标管理中的一个重要部分，也是华为一直坚持的理念之一。

而对于员工来说，如果想要成为好员工，想要顺利完成工作，想要成为被老板信任的人，那么首先要做的不是拿出你的干劲，而是要懂得给自己的工作设定一个目标，只有这样，你的所有努力才能够转化成高效的业绩，所有干劲才会为你赢得更多成功的机会。

2. 写下最初的梦想

为什么不去想一想当初为什么要进华为，为什么要在这里工作?

——任正非

员工的工作通常存在两种最常见的模式：一种是问题驱动；一种是目标驱动。问题驱动的本质在于员工的工作原本就是为了解决问题，因此他们的工作任务实际上是及时发现并及时改正问题；目标驱动则认为员工的任务在于接受目标的牵引和指导，做那些早在计划和规划之中的事。目标驱动能够刺激员工去做得更多、做得更好，但是它同样最容易出现脱节现象，因为目标毕竟与现实工作是有差别的，现实工作中发生的事情容易干扰员工对于目标的判断，甚至让员工迷失自我，以致他们最后都不清楚自己该做什么，不知道该怎样去继续自己的工作。

相比而言，老员工可能更容易出现类似的现象。首先，枯燥繁重的工作任务会使人变得更加麻木，因此很多老员工会对工作的意义产生怀疑。其次，老员工在工作和生活的双重压力下会更加倾向于关注现实，以致失去了对于目标的关注度。所以，很多老员工在工作一段时间之后，不得不面对两个非常尴尬的问题：你最初的工作动力是什么？你梦想得到什么？

任正非曾经问过员工这样一个问题：“2000年以后，华为最大的问题会是什么？”当时很多员工不知道该如何回答，任正非笑呵呵地说：“是钱多得不知道如何花。你们家买房子的时候，客厅可以小一点，卧室可以小一点，但是阳台一定要大一点，还要买一个大耙子，天气好的时候，别忘了经常在阳台上晒钱，否则你的钱全发霉了。”他要求所有员工记下这些话，不过有很多员工并没有照办，他们在2000年到来之前就已经离开了。有些人则觉得这是痴人说梦，因此并没有在意这些话。

可是2000年以后的华为真的成了发展速度最快的公司，很多员工也真的成了百万富翁、千万富翁。这些员工有一个共同点，他们记下了任正非的那句话，而且还时刻以这句话来鞭策自己，无论公司面临什么样的问题和困境，无论公司发展到了什么样的程度，他们始终保持着最原始、最直接的工作动力，始终拥有最纯粹的方向。

对于那些有梦想的员工来说，无论自己走到哪一步，无论自己做了什么，一定要坚守自己的梦想，要懂得时刻为之奋斗，梦想绝对不是一句戏言，也不应该当成一句戏言。很多华为员工都有做笔记的习惯，他们喜欢将自己最初的梦想记在日记本上，或者写在一张小卡片上，并将其挂在床头或者放在办公桌上。这样做不仅仅是为了激励自己，更是为了监督规范自己的工作方向。这也许只是一个小细节，但这样的小细节往往能够决定员工的一生。

其实，每一个新进公司的员工都怀揣梦想，都渴望在公司里干出一番事业，只不过在经年的拼搏中，很多人忘记了这些想法，忘掉了当初对自己的承诺。一个人失去了梦想，也就失去了前进的动力和方向，只有弄清楚自己一开始要去哪里，才能最终走到那里。

有时候，工作中忙碌的人正如草原上的羚羊一样。当羚羊被狮子追逐的时候，它们会莫名其妙地停下来，或者直接撞到狮子的利爪下，这就是著名的“羚羊效应”。很显然，羚羊在逃跑的过程中会突然忘记自己当初为什么而跑，要跑到哪里去。

企业和员工也容易出现“羚羊效应”，会突然忘记自己为什么而工作、为什么而忙碌，会忘记自己究竟要达到怎样的目标。对于那些旨在获得成功和突破的人来说，这种迷失通常是致命的，因为迷失会导致他们的工作出现混乱，会与公司的发展步骤相脱节，甚至会背离公司的发展规划。

对于企业和员工来说，应该成为始终坚持目标的狮子，而不是越跑越乱的羚羊，想要做好自己的工作，就一定要做好目标的全程掌控。首先，要明确自己想要什么；其次，要写下自己的目标，然后时刻提醒自己按照这个目标去做。多数员工容易做到第一条，但是会在第二条中有所犹豫，因为在工作一段时间之后，他们的惰性会增加、期望值会降低，会被工作的枯燥性所困扰，因此在很多时候，他们很容易忘记自己真正需要做的东西。

任正非认为拥有梦想很重要，而持久地拥有这样的梦想更加重要。很多员工会抱怨自己没有得到足够的尊重，认为公司没有满足自己当初的要求，认为老板已经忘记了对自己的承诺。他们需要得到更多的钱，需要得到更高的职位，需要受到更多人的认可和尊重，需要在公司里成就自己的事业。但公司也许并没有忘掉应该给你的补偿和承诺，公司的目标一直都在，反倒是有些人将自己的目标遗失了。

相比之下，公司的目标在短期内不会发生改变，因此员工实际上比公司更需要进行目标激励，更需要懂得强化自己的目标管理。

具体来说，就是要提升自己的专注度和控制力，始终保持对目标的渴望。

也许很多员工都想像华为人那样出色、那样成功，那么首先就要像华为人一样善于寻找最初的目标，并为之奋斗。

3. 跳起来摘果子，而不是摘星星

三代人以内不要说进世界五百强。

——任正非

员工通常最喜欢什么？钱，地位，绝对的信任，或者权威？也许这些应该都算是员工期望中的一部分，但总的来说，他们真正需要的是真实的存在感，而将这些真实的存在感量化成工作指标或者工作任务则是一件比较困难的事情。绝大多数人总是希望自己能够做得更多更好，希望最大限度地证明自己，不过从现实的角度来说，在制定各种目标时，总有一些东西是他们抓不住的。

抓不住目标的关键在于他们对于目标缺乏基本的判断，而这是员工经常会犯的错误。从本质上来说，员工只知道自己想要什么，却不能清晰地意识到自己能够做什么。对于多数员工来说，工作的目的是为了完成既定的目标，那么目标究竟放在哪里才合适，什么样的目标才最适合自己。成功学大师拿破仑说："做那些你所能做的，做那些你有机会做到的事。"这就是一个宏观上的目标量化过程，它使你尽可能地规范自己工作中的期望值和能力估值，不过多数人并不那么想，他们更喜欢挑战，更喜欢寻找一个大目标。

但是这样做并不明智，首先，当员工告诉老板说自己要做成一件大事，也许多数老板的第一反应不是欣喜而是惊恐，因为老板更加希望事情是可控的，冒进或者空洞的许诺对他们来说毫无用处。其次，对于员工来说，任何工作都应该掌控在自己手中，任何目标都应该在力所能及的范围之内。换句话说，员工可以有梦想，但是梦想太空太大的话，自己也无力抓住。

目标总是高于现实的，但不能过高于现实，如果说抓住目标就像摘水果，那么员工要做的就是保证自己跳起来时有机会能摘到那些诱人的水果。正因为如此，华为的员工在制定目标之前，总会先进行调查，同时做好可行性研究，了解目标工作的难度，了解目标是否能够完成。而在很多公司，员工可能忽略了这一点，研发部门动辄确保技术领先几十年，市场部门开口就是许诺50%以上的市场占有率，生产部门动不动就要将产量提高几十倍，他们习惯了将工作目标放大，并将其作为激励的重要因素，但问题是依靠自己现有的工作能力能够办到这些吗？

任正非说任何目标都必须是可执行的，任何缺乏执行性或者无法达到的目标，都毫无用处。在华为内部，很少有人会提出一些不切合实际的计划，公司也绝对不赞成、不鼓励员工提出此类计划，在他们看来，目标并不是越大越好，一旦遥不可及，就会成为负担。

比如，美国著名的铱星公司曾经是最具潜力的科技公司之一，只不过这颗冉冉升起的“新星”被几个工程师的伟大计划给拖垮了。1987年，铱星公司的工程师们提出了一个近于梦幻的伟大计划：用66

颗低轨卫星组成覆盖全球的通信网。他们觉得可以利用这些卫星所带来的便利统治当时的通信业。

这个构想在当时来说几乎难以想象，不过在制订这项伟大计划的时候，每个人都被计划本身的光环吸引住了，以致没人愿意认真分析这样的计划是否可行，更没有预料到这样做所需花费的巨额成本以及自己能否承担起所要面临的结果。结果铱星公司通过贷款，将50亿美元的巨额资金投入这个计划，而公司的收益却很少，最终在高成本、高负债风险的步步紧逼下宣布破产。

美国媒体曾经将这些工程师定义为“史上最不靠谱儿的员工”，而他们提出的卫星网络计划也成了最大的笑料。对于任何一个公司来说，这样的员工都是危险的，所以员工在进行目标管理的时候需要注意这些，不能盲目求高求大，一切都要实事求是，要对自己的目标负责到底，不切合实际的目标永远都不能算是工作计划的一部分。

任正非多次承认：“我没有思考什么远大的理想，我正在思考的不过是未来两年我要做什么，怎么做。”对他而言，这个两年目标实际上就是一个比较切合实际的计划，也是比较容易控制和实现的。正因为这样，华为公司的员工也都有明确而可执行的工作目标，都明白自己要做什么。在执行目标时，他们通常根据具体的工作过程，按照基本的流程设定相对独立的工作步骤或工作单元，制定三个量化指标：时量、数量、质量。

比如，对于产品生产数量、检查次数等可直接量化的目标，完全可以从数量角度来衡量。而无法直接量化的目标也可以从质量、时量的角度考虑，又如人员投诉率、服务及时性可以反映出员工对职能部门的满意程度；文件的通过率以及一次通过还是数次通过的情况可以反映文件起草工作的好坏。

这三个指标既是布置工作的要求，也是衡量工作效果的指标，它们贯穿于整个工作的全过程，有了这三个指标，员工才能确保工作执行到位。在进行考勤统计的时候，他们会选择更准确的方式来表达，比如“在3小时内完成15000人的考勤统计，形成考勤表，并及时上报给行政主管”。在这个工作目标中，就包含了以上三个量化指标：时量是“3小时内”；数量是“15000人的考勤统计”；质量则是“形成考勤表，上报行政主管”。取消其中任何一个“量”，都会影响目标的实现。

这种工作方法有效确保了员工的工作目标不会过多地偏离现实，更不会变得遥不可及，因为在运用各种指标进行衡量的过程中，任何不切合实际的因素都会被排除掉。很多员工习惯了在没有做好可行性研究的情况下就制定目标，在没有利用明确的指标来布置工作时就急不可耐地大包大揽，这样做只会把事情弄得更糟。而华为的主管则会尽量确保华为公司的工作都是框定在特定范围内的工作，员工自然也不会异想天开地做一些完全不着边际或者令自己也感到无能为力的事情。

一般而言，目标的价值与意义首先是由它的可实现性来决定的，一个不可实现的目标根本谈不上有价值，更谈不上多么出色。所以，当员工们去执行那些不可能触碰到的目标时，实际上表明他们正在做一份毫无意义的工作。很多人都在羡慕华为的成功，羡慕华为人的成功，其实真正的问题在于当所有人都想着摘星星的时候，华为所做的不过是跳起来摘果子而已。

4. 路要一步步去走

在管理上，我不是一个激进主义者，而是一个改良主义者，主张不断地管理进步，一小步地改进，一小步地进步。

——任正非

我们常常说目标要放得长远，这样才能走得更远，但路终究需要一步步地走，远大的目标需要小目标来过渡实现。当一个人想要赚到100万美元的时候，首先要做的就是如何赚到第一个10万美元，然后是50万美元。这100万美元从来不是一蹴而就的，需要将其切割成数个小目标来逐一实现，慢慢过渡到大目标上。

过去很多人在创业时，必称要占有多少市场，要赢得多少利润，要把握多少客户，却缺乏细化目标的能力和想法，毕竟市场都是依靠每一个百分点慢慢增加的，利润也是一点点提高的，客户更需要从第一个开始慢慢积累。细化目标并逐一实现，这是保证工作的稳定性、可持续性、可实现性的前提，是企业获得良性发展的重要保障。

华为公司在发展的过程中，虽然采取群狼战术，实现了快速扩张，但实际上华为的发展并不是暴发户式的，而是通过一小步、一小步发展壮大起来。比如，在20世纪90年代，任正非提出了“农村包围城市”的构想，使华为慢慢在城市里站稳脚跟，接着华为将目光瞄向了整个国内市场，等到在国内市场占据大份额后，开始将目光转向海外市场。而在拓展海外市场的时候，华为先从俄罗斯开始，然后是非洲、欧美等。华为一步步走来，每一个目标都很明确，而且都是逐个实现目标，并没有进行跳跃式发展，这样就确保了华为在保持总体的战略目标方向上稳步前进。

华为的发展有迹可循，而且一直以来都在循序渐进，它的扩张绝对不是一两天内就完成的，它所有的目标也不是一两天内实现的。这种逐步扩张壮大的方式在日常工作中也得以体现出来，华为的每个员工平时都严格按照“制定目标—执行—完成目标—制定新目标”的方式进行工作。

以华为市场部门的员工为例，市场销售人员通常会接到任务，要求第一年完成多少销售额，紧接着第二年会增加多少，第三年接着增加更多，而到了第五年要确保市场份额占到了多少，第十年的市场份额又增加多少。这些都会纳入工作计划，成为工作的核心。此外，在华为的会议上，无论是领导还是员工都会提出一个短期计划和中期计划，这些计划通常都是相对稳健的。每个人都知道自己在短期内应该做什么，接下来应该做什么，以此来推进自己的工作。

华为公司通常会制订一个五年计划和十年计划，而对于公司部门以及团队内部之间，目标与计划则控制在两三年以内，因为短期目标和短期计划的存在能够有效保证管理者以及工作者不会冒进，更不会采取大跃进的姿态。不过对于其他企业和员工来说，他们常常欠缺自制力和耐心，也没有充分考虑到目标实现的难易程度，因此常常会急功近利，总是想着一蹴而就，在短时间内就实现目标。而这样一来，往往会让自己陷入困境。

在过去的五六年中，每年都会有很多新兴公司出现，但同时又有一大批类似的公司消失，其中最显著的就是一些新兴的小科技公司和一些与网络业务相关的公司。这些公司的崛起通常都和过高的虚拟财富有关，过高的估值导致了高目标的出现，而对于这些企业而言，本身缺乏足够细化而明确的小目标，因此发展前景并不明朗。

对于企业中的个人与员工来说，情况也是一样。多数情况下，员工有着更高的期望值，工作的过程中更加专注于长远目标，这也是为什么员工通常都想要成为经理，想要成为董事长，而很少有人说“我要先当个小主管”，但是最终成为经理和董事长的往往是那些想着先当上小主管的人。

当目标与现实的跨度太大时，就会增加和放大工作过程中不可预知因素的影响力，同时也会导致奋斗者失去信心和耐心；但是小目标的设置能够将长远目标与自己的工作更好地串联起来，确保所有工作都能够保持在更为明确的方向和线路上。通过各个短期目标的设置，往往可以更为直观地看到企业和个人的发展，可以预测出发展的趋势和规律，同时由于小目标更容易实现，反而减少了压力，因此是非常合理的工作方法。“把握每一个可实现的小目标”是华为快速壮大的重要原因，正因为更加专注于每一个小步子、每一个小目标，华为才会走到所有人的前面去。

华为人常常将公司的发展比作长跑，认为像马拉松这样的项目，一般的跑步者在跑步过程中很容易因为路程太远而放弃，如果跑步者能够将目的地进行切割和分化，将路程中的大树、房子、河流等作为标志，那么每当跑步者通过一个标志时，就会产生一种实现目标的成就感，这会带来更多的动力。所以，低着头硬撑的人往往难以坚持到最后，而沿途上做好标记并随时进行观察的人，则能够更好地完成长跑计划。

有人曾经问通用电气公司的老总杰克·韦尔奇该如何让通用电气走向世界，韦尔奇笑着说："也许我们会从马萨诸塞州开始。"韦尔奇的这句话无疑很实在，也更符合实情，而且与华为公司以及华为人的目标切分原则相对应。对于那些有远大理想和目标的人来说，也具有很好的指导意义。

无论是企业的发展，还是日常的工作，往往都一样，一般情况下，员工不要过度关注那些大的目标，而应该懂得给大目标进行分层和切割，要懂得像华为一样，去设置各种短期目标和小目标。这样每天做一点，每天完成一点，每天超越一点，等到实现所有的小目标，就可以顺利完成最大的目标。

很多人将企业的工作比喻成一个金字塔结构，金字塔的顶端就是一个小的工作模块，或者说是小的工作目标，工作人员只有一点点从上往下完成这些目标，才能最终完成底层的大目标。只有采取这样的工作模式，整个企业的发展才会更加稳定和健康。

5. 对钱感兴趣，才能挣钱

我希望我们的员工能够对钱产生饥饿感，希望你们每看到一分钱都会说："这会是我的。"

——任正非

任正非曾经不止一次说过："华为之所以不断壮大，就是为了挣到更多的钱。"为了让员工们也能对钱产生饥饿感，任正非一直鼓励员工大胆追求物质上的成功，并建立起相对明确的金钱目标。当其他公司都在谈论事业心和价值观，或者企业文化的时候，华为的员工却丝毫不掩饰自己对钱的兴趣，对工资、福利、奖金以及股份的追求，这种狂热性实际上能够带来更大的动力，而且把钱作为目标也是最直观的一种衡量自己工作效果的方法。

华为公司对员工实行分级制度，级别越高的人工资也就越高：

13-C：5500，B：6500，A：7500

14-C：7500，B：9000，A：10500

15-C：10500，B：12500，A：14500

16-C：14500，B：17000，A：19500

17-C：19500，B：22500，A：25500

18-C：25500，B：29000，A：32500

19-C：32500，B：36500，A：40500

20-C：40500，B：44500，A：49500

21-C：49500，B：54500，A：59500

22-C：59500，B：？A：？

从上文数据中可以看出，13级的C级员工工资最低，月薪只有5500元，而22A级的员工，其工资是最高的。通过这种薪酬分级制度，员工们就能够明确自己的级别和薪酬，也能够对薪酬产生更多的兴趣和动力。所以，同一级别内的员工渴望成为A级，而低级别的员工则一直想办法向高级别方向奋斗。

正是因为保持了对金钱的渴望，华为员工才能够始终为更高目标而辛苦奋斗。比如，华为中的很多员工喜欢加班，在20世纪90年代后期以及21世纪前十年，华为各个部门的加班文化非常盛行，原因就在于加班能够为员工带来更大的收益。经常加班的员工的工资要比不加班的员工工资更高，奖金也要高很多，这些加班带来的钱实际上成了加班最重要的原因之一。

“挣到更多的钱”就是华为员工在工作中的一个座右铭，而这种目标追求总能够带来最直接、最有效的激励效果。在这样的情况下，员工所获得的报酬往往是国内同行业中比较高的，但更重要的是，华为员工总是能够出色地完成工作任务。管理学家德鲁克说过：“金钱是最有效的激励方式。”企业应该懂得用物质激励来刺激员工，员工也要懂得将钱当作奋斗的目标，虽然在马斯洛需求层次理论中，金钱与物质的需求属于偏低的需求，但实际上这样的物质激励以及物质需求往往更能够迎合人心，尤其是对于一些新员工来说更是如此。

任正非认为，无论对哪一个员工来说，金钱永远是工作中值得考虑的重要因素，既然是这样，那么就不要掩饰自己对钱的热爱，不要掩饰自己对高工资、高收入的期盼与野心。员工们有必要建立一种金钱价值观，就是只有对钱充满野心的人才有机会获得更多的报酬，当然这并不意味着一切向“钱”看，而是要懂得保持对钱的饥饿感。

公司的物质奖励通常是事后奖励，老板会根据员工具体的贡献值来给予相应的奖励，以此来激励员工更多更好地完成任务。员工在进行自我激励的时候，更应该注重事前进行的目标激励，通过所设定的更高工资与物质奖励来激励自己。当一个人想着要挣到多少钱的时候，才会促使自己不断提升工作效率与工作能力，增加绩效，以此来实现自己的目标。

比如，很多员工在工作的第一年会将自己的月薪定位在5000元，到了第二年，则会要求自己获得月薪6000元，到了第三、第四年，他们可能已经将目标定在8000～10000元了，同时也希望能够获得更多的奖金。这种逐渐递增的期望值就是个人奋斗的目标，而且往往会使员工不断提升自己的工作能力，不断提升自己的工作效率与专注度。

每个人都应该提升自己的工作野心，要想着去挣更多的钱，以这样的野心来推动自己不断努力和进步。有个管理学家说过：“人人都想要成为比尔·盖茨，但成为盖茨的前提就是如何让你从年薪十几万变成年薪百万，然后争取从年薪百万成为亿万富翁。”

在过去很长一段时间，员工们都不敢谈论金钱，不敢谈论物质奖励，但想要获得更大的成功，就要及时释放自己内心的压抑和野心，就要明确告诉所有人，自己参加工作的很大一部分原因就是因为那些钱。“在工作中有所图”，这一点至关重要，无论是公司还是老板，可能都不会喜欢那些无欲无求的员工，因为没有利益追求的工作通常都做不好，没有企图和野心的工作都容易陷入散漫、拖沓之中。公司想要保障员工的工作积极性，最要紧的就是多给予员工一些物质奖励。在华为公司，高工资、高奖金以及股权分配，就是吸引员工的最大保障，任正非在创业初期甚至许诺要尽量让每个员工拥有一辆别克车，而这样的口号与承诺成了员工们心中最美好的奖励。事实上，今天的华为员工，其收入水平早就达到了人手一辆别克车的标准。

对于任何一个员工来说，钱虽然不是自己工作的唯一动力和唯一目标，但往往是一个直接的原因。因此，永远不要吝啬自己的想象力和野心，从你进入职场的第一天起，就要告诉自己“我想要得到更多”，当你为别人的高工资而羡慕不已时，有理由告诉自己“我也想要拿到那百万年薪”。实际上，当公司第一次有人拿到百万年薪甚至是千万年薪的时候，员工们所想的是他得到了那笔钱，而没有想过也许对方恰恰是第一个想要拿到那么多钱的人，他的雄心比别人要大，自然也就得到得比别人更早。

6. 事前要开好务虚会

领袖应该是务虚主义者。

——任正非

一般企业在年初或某一工作计划的初期会召开务虚会，商讨制定该年或该阶段的计划安排以及希望达到的目标，以作为以后工作的准则和大纲。这就是务虚会。务虚会与务实会是相对而言的，务实会主要是执行，而务虚会主要起指导作用，用来引导某一时期内的工作。

因此，务虚会实际上是企业进行目标管理的重要组成部分。不过很多企业并不懂得如何开好务虚会，它们开会的频率很高但效率很低，目标管理不到位。

比如，很多企业非常擅长喊口号，非常喜欢在会议上提出各种目标，但最后那些目标很少能够付诸实施，或者说根本无法付诸实施。出现这种情况的原因很可能在于他们提出的目标没有经过仔细研究与分析，比如有些目标或者方针政策是领导者私底下制定的，根本没有经过认真分析和讨论，各种理论和计划漏洞百出。这些领导根本不重视讨论，而且行事草率，凡事想也不想就开始行动，最终由于缺乏正确的理论方针的支持，导致行动陷入困境，以致很多工作最后都成了无用功。

在华为人看来，任何一个计划的实施与执行都不应该盲目冲动，企业或者管理人员在决策前要对决策的可行性、具体操作、突发情况预案等进行分析研究，从而对今后的发展与走势进行高屋建瓴的宏观把握。此外，企业有必要保障决策的科学性，有必要保障目标与计划的合理性，而这些就需要通过务虚会的召开来予以保障。而且务虚会还可以帮助所有人认清形势，把握趋势，并达到少走弯路、提高效率的效果。

那么，如何才能确保务虚会的科学合理呢？任正非认为开好务虚会的关键在于把握好一些细节问题，要了解务虚会中的相关步骤与环节。比如，在务虚会开始之前，要弄清楚可不可以通过其他方式来更加有效地解决会议准备解决的问题；会议试图达成何种结果；会议准备做出什么样的决定，以及相应的行动方案；列出与会议目的有关的项目，按主次排序，对项目进行归类以及限定商议时间；收集所议项目的相关信息，进行重点摘录；传阅议事日程与整理好的文件；根据要讨论的问题限定与会人员；搜寻新信息，通知大家。这些准备工作对于会议很有帮助，可以确保会议按计划进行。而在会议期间，开会的目的、参加会议的人数、议题的讨论、下次会议的时间是需要重点关注的内容。

在这方面，华为做得非常出色。最近几年，华为的务虚会成为业内的一大特色。每次开会时，大家都会确定好一个主题，然后与会者十多人到几十人不等，地点则大多选在环境清幽的风景区，目的就是为了尽量让大家放松神经，从而能够畅所欲言。

华为的务虚会一般要进行两天，第一天上午漫议，任正非采取完完全全的“头脑风暴法”，每个与会者都可以说出自己的想法。而到了下午，会议开始筛选并聚焦主题，所有人开始围绕主题进行充分的开放式的讨论，并且主动与任正非或其他高层进行争论和辩解。到了第二天，所要讨论的议题会进一步得到收缩，大家对前一天的一些富有代表性的观点进行充分讨论，然后形成会议纪要。不仅如此，华为还会将会议纪要下发到相关部门的高管层，听取相关的意见和建议，接着进行讨论和修改，如此几上几下的反复之后，最终形成了真正的决议。

相比于其他公司简单草率的风格，华为的务虚会比较烦琐，制定方针的速度也慢很多，原因就在于华为人始终坚持“战略决策关乎方向，方向错误，速度越快，就越容易翻车”的观点。任正非也说：“战略性的重大决策一定要慢，慢慢发酵。”因此，华为人在务虚会上会更加谨慎、仔细，尽量做到科学合理。

不仅如此，华为还特意在公司最高层的经营管理决策机构之下设立了专门的战略与客户常务委员会。任正非认为这一机构的职能和任务是“围绕公司中长期的生存与发展问题，对公司战略与客户方向的议题提供指导、愿景和理念，重点在于方向上的务虚，主要确定方向，而不陷入日常事务审批”，目的是在组织上规定华为的战略形成机制。由此可见，华为战略方向与目标的制定与这一机构有着紧密联系。

现如今，务虚会越来越受到一些管理者的重视，毕竟企业的发展与相关工作都需要理论、原则、方针的指导，需要明确前进的目标与方向，这些能够有效提升高层的决策能力。而决策并不是简单地讨论，也不是老板一个人简单地说“就这样”或者“这样比较好”。仅仅从目标管理的科学性来说，实现什么样的目标、依据什么方式方针来实现目标、分成几个步骤来实现目标、什么时候实现目标，这些都是企业和个人应该明确的重点。

一味埋头苦干是不会出成绩的，目标的指导、理论的支持、方案的设计、决策的合理，才是影响工作效率的重要因素。如果公司希望设计出一件新产品，首先要讨论设计的方向，要分析设计方案是否可行，要预测设计中可能存在的困难和风险，更要明确设计的成果是什么、目的是什么。如果是在进行市场开发的时候，则要对开发项目进行市场调研，要充分设计各种可行性方案，并加以讨论，而且要明确开发的步骤、措施以及想要达到的效果。这些工作都需要通过务虚会来进行讨论和确定，盲目执行下去的话可能会事倍功半，甚至无功而返。

正因为如此，任正非一直强调目标与决策的重要性，而目标与决策必须是在科学合理地讨论、分析、研究基础上形成的，必须具有比较完善、可靠的理论基础。所以，华为务虚会的存在一直都很有必要，而且作用深远。对于其他公司来说也是一样，平时不要忽视务虚会的作用，实施发展计划之前，一定要通过务虚会来明确工作目标，明确指导方针，明确好的工作方法，因为好的方向、好的方案、好的方法才是成功的重要保障，才是确保完成工作目标的前提。

7. 清晰的方向是在混沌中产生的

> 一个领导人重要的素质是方向、节奏。他的水平就是合适的灰度。坚定不移的正确方向来自灰度、妥协与宽容。清晰的方向是在混沌中产生的，是从灰色中脱颖而出的，方向是随时间与空间而变的，它常常又会变得不清晰。并不是非白即黑、非此即彼。
>
> ——任正非

任正非曾经提出了一个著名的灰度理论：合理地掌握合适的灰度，是使各种影响发展的要素在一段时间内达到和谐，这种和谐的过程叫妥协，这种和谐的结果叫灰度。在他看来，在改进和追求目标的时候，应该把握好灰度，要提升目标的灰度，也就是说个人在追求目标的时候，不要太激进、太僵化，不要急于达到目的，而应该选择以退为进的方法，可以适当做出妥协。任正非认为中国古代的改革者有很多非常出色的办法，可是在实施的过程中往往没有达到改革者的目的和理想，主要原因就在于变革太过直接、太过激进，没有很好地平衡好改革者与当权者之间的关系，因此最终承受了巨大的阻力而导致变法夭折。

如果改革者能够用较长时间来实践，而不是太急迫、太全面，那么收效也许会好一些。或者说如果他们在坚持自己的方向和目标时，能够采用曲线奋斗的方式，也许别人更容易接受。在运用相对保守的曲线的方式去实现目标的过程中，虽然在方法上有了一些妥协和改变，但其实目标没有变，方向也没有变，而且最终的效果往往会更好一些。

任正非通过变法的例子来提醒华为人在改革的过程中要注意渐进原则，凡事不能急于求成，不能总是想着如何快速实现自己的目标，该妥协的时候就要妥协，该迂回的时候就要迂回。同时也不能固执地认为别人一定是错的，而自己一定是对的，在双方出现争议的时候，最好找一个模糊地带，让所有人都能够接受，都不会产生太大的意见。

华为公司曾经多次进行改革，尤其是在管理上进行变革，但是这些变革往往会触及某些人及某些部门的权益，会损害他们的既得利益，因此在管理改革的过程中公司往往承受了巨大的阻力和压力，导致目标出现混乱。在这样的情况下，任正非没有继续强制地实施改革，没有大刀阔斧地进行改造，而是尽量采取小修小补的方式，尽量照顾到其他反对者的利益，尽量做出妥协。按照他的话说："我们从来就不主张较大幅度地变革，而主张不断改良，我们现在仍然要耐得住性子，谋定而后动。”

正因为如此，任正非在引入IBM、Hay、德勤、盖洛普等公司的管理制度时，并没有照搬模式，也没有完全颠覆和否定自己原有的制度，而是有步骤地进行局部改良，这样就能够给其他反对者创造一个逐步适应的环境，从而有助于慢慢达到最终的改革目标。他明白，一旦急迫地进行改革，可能会适得其反，导致公司出现动乱。任正非称之为“慢慢地切削大象”，他认为任何改革都要小步骤地进行，不要直接去损害反对者的利益，也不要直接下猛料，而应该采取一些更具弹性和更加开放的方法慢慢地解决问题。

在改革之前，任正非及其他坚持改革的人，都有一个明确的发展方向和目标，但在实现这个目标时，他们更善于寻找和创造一种灰度。这个灰度就是对各方意见、态度、行为方式的综合，是在坚持大方向、大目标的前提下对各方意见的妥协，是对不同意见、不同利益团队、不同工作风格和个人习惯的宽容。

灰度是华为企业文化的重要特征。任正非曾经解释说：“华为文化不是具体的东西，不是数学公式，也不是方程式，它没有边界。也不能说华为文化的定义是什么，是模糊的。正因为模糊，才不会受到太多的约束和反对，才能够给奋斗者带来更多施展的空间。”

多数企业在制定目标并开始实施的时候，常常会明确方向和目标，会坚持目标与方向的正确性与原则性，但它们关注的焦点往往也仅仅停留在这上面。但实际上阶段内的目标虽然是唯一的，方向也是唯一的，但方法却是多样化的，使用什么样的方法才能更高效地实现目标，如何才能更为合理顺利地实现目标，这才是管理者真正要思考的问题。

为了减少阻力和压力，实现目标有时候需要创造一种共存的环境，创造一种能够被多数人认同、至少不反对的理念或者方法，奋斗者需要模糊自己的立场、原则以及方法，将更多人团结起来，共同为实现目标而服务。比如，在工作中，常常会遇到意见不合的情形，总是有人会站出来反对他人的主张、反对他人的做法，而对于那些有所追求且拥有自己特定方向和目标的人来说，想要顺利实施自己的计划，想要实现自己的目标，就不能激进地认为自己的就是对的，不能草率地否定他人的想法，而应该综合别人的意见和建议，要尽量为其他人多做考虑，从而为自己减轻阻力。

华为公司当初引入国外的管理体系时，也有很多老员工提出了反对意见，认为外国的体系不一定适合自己。任正非虽然有心引入这套体制，但还是采纳了老员工的部分建议，没有直接而彻底地进行制度更换，而是在引入制度之后进行了优化改革，将国外制度和公司原有制度的一些精华结合起来，这种中西合璧的做法让主张革新与不主张革新的两派人有了共同的话题，也创造了共同的目标，因此改革慢慢走上了正轨，也得以慢慢在整个公司推展开来。

华为的成功改革给所有人提供了一种思路：做人做事都需要掌握灰度哲学，不能采取“非此即彼”的原则，不能激进地以“是非黑白”的原则来对待任何一份工作，保持模糊很重要。而且任何人、任何事都有对立的一面，都有各自的优势和缺点，也都有各自的特点，依靠那些模糊的原则和界限，将这些不同点和对立面统一起来，才是解决问题的最佳方法。

任正非说管理应该去除边界，其实工作中同样需要模糊边界，追求一种既不黑也不白、既不对也不错、既不好也不坏的状态，并坚持妥协与宽容，因为妥协是为了减少更多阻力，而宽容是为了团结更多人。

第二章

高效的执行力才是最终的生产力

越来越多的人认为，一流的想法搭配三流的执行力，所产生的效果远远不及三流的员工搭配一流的执行力。执行力已经成为衡量工作价值与工作能力的重要指标。对于华为来说，真正使它走向世界的并不全是高瞻远瞩的战略规划，其中还包括高效的执行能力。华为人的执行力与执行意识一直处在世界一流水平，而他们也始终在强化并提高自己这方面的能力，从而在竞争中确保持续的领先优势。对于每一个上班族而言，即便成不了华为人，也应该养成华为人的那种执行力。

1. “上层作势，基层做实”

我们有务虚和务实两套领导班子，只有少数高层才是务虚的班子，基层都是务实的，不能务虚。

——任正非

“上层作势，基层做实”是华为公司工作体系中的重要理论，也是任正非管理思想中的重要组成部分。任正非在管理华为的时候，将员工分为高、中、低三个层级，每个层级的人都有明确的分工。在他看来，企业首先必须有宏大的远景蓝图和明确的战略目标，以便给予员工动力和方向，激发大家团结一心地为实现远景目标而努力。因此，任正非认为企业高层必须集中精力做好企业的蓝图规划和战略制定工作，为员工提供行动的动力和指南，而他们的工作任务主要包括制定企业战略目标、确定战略措施、评议和挑选干部、进行监督控制。

让华为的中高层人员主要制定规划和任务，这就是作势。此外，所有工作都需要有人来执行和完成，否则制定好的战略规划就会变得毫无意义，而所谓的执行规划就是做实。从作势到做实，完全体现了华为公司的基本工作流程：华为公司的高层管理者制定工作目标后，将工作目标分解到各个下属部门，而部门的功能在于推动目标的实现，并进行监督和考核，部门又将工作分配到每个团队以及员工手中，各部门中的员工能否顺利完成这些目标，能否达到组织的要求则成为关键。

为了进一步完善这个流程，任正非在华为内部推行了绩效责任制，要求所有干部都要签订绩效承诺书，公司会统计前一年的工作成绩，统计完成的工作指标，然后对新一年的工作提出新的要求和目标，包括客户满意度、人均销售收入、销售订货、销售发货、销售净利润等指标。接着，管理者会将这些指标进行分解，确保下一层的干部对自己管理的部门负责，并对指标立下“军令状”，而基层管理者会要求和命令员工执行下去，尽量按时完成上级的工作任务与目标。

在任正非看来，做实是企业中最重要的一环，因此务实的人首先要贯彻执行目标，主动调动和利用资源，考核评定干部，尽可能将人力资源变成物质财富。而能够胜任这种务实工作的必定是实干家，所以多年来他一直非常看重那些实干家，他说：“我们要让那些只做原则管理、宏观管理，不深入实际、不对监管负责的干部下岗。要让那些做实的、认真负责的干部上来。”

其实和华为公司一样，任何一个公司、任何一个老板都不会欢迎那些执行力不强的员工，毕竟公司制订计划的目的就是为了实现它，依靠这些计划来创造更大的价值与利润，如果没有人能够按时执行，没有人能够很好地完成这些工作，那么公司就会遭遇更大的损失。从这一方面来说，能够把工作做实实际上是企业对员工最基本的要求，而从另外一个方面来说，将上级的战略规划落到实处原本就是员工应该做的事情。

很多公司经常会出现发展和管理混乱的状况，就是因为上级总是喜欢开会，总是喜欢说一些老套的理论，而且常常将战略规划改来改去，以致给下面的命令与指标也是三天两头更换，甚至经常出现传达任务不及时的情况。而下层人员则缺少职业素养，对于上级的命令常常置若罔闻、故意拖沓，要么就是不能按时完成，不能保质保量地完成，或者干脆不能完成。

这是多数公司面临的困境：上级大谈理念和理论创新，却没有办法形成一个系统的、稳定的规划，而下层则缺乏有效的执行手段以及健康的工作态度，这样就导致整个企业缺乏高效的执行力，因此也就没有办法创造出超人的业绩。

在处理类似情况时，华为公司的管理工作做得非常到位。比如，各个层级、各个部门都制定了严格的考核标准，每一个人的工作都会纳入考核范畴，如果工作不达标，就会面临相应的处罚，如扣除奖金，或干脆进行降级处理，而达标的员工则能够得到一定的奖励。

这也是华为公司几乎每一年都会淘汰一批员工的原因，毕竟这些员工通常都是一些工作执行能力偏差、无法顺利完成工作，或者无法适应当前工作的人，他们常常没有办法将工作落到实处，没有办法完成上级布置的任务，对整个工作流程都造成了影响。淘汰这样的员工能够改进工作流程，确保每一项工作都能够落到实处，并且产生应有的效果和价值。

有人说员工才是企业中最重要的资源，也是最重要的组成部分，因为员工才是最终创造价值的人，没有员工来执行任务，没有他们来完成工作，那么即便是再出色的规划，即便是再伟大的目标，实际上也只是一个美好的梦想而已。从这一方面来说，上层的决策权决定了他们的引导地位，而下层的执行力决定了他们所具有的基石型定位。因此，如何让员工保持活力，如何提升员工的执行力成了企业管理好坏的关键，也成为企业能否前进的关键。

从企业发展的经验来看，多数企业的发展并不缺好的建议、好的目标以及好的战略规划，真正的大问题是缺少一大批优秀的执行者，能够将规划和目标付诸实施。这才是企业真正应该关心的问题，毕竟真正为企业创造利润，并且推动企业向前发展的永远都是执行命令的人。

所以，作为基层的执行者来说，一定要养成良好的配合意识，严格按照上级的指示来工作，认真执行每一个任务，这样才能够与上层的战略规划和理论指导有机结合起来，确保企业不断向前发展。任正非这种“上层务虚、下层务实”的定位对于任何一个公司来说，都很有必要。

2. 借口只会摧毁你

不要总是说“做不到”，不去试一试怎么知道呢？

——任正非

《把信送给加西亚》是一部风靡全球的励志书籍，书中讲述的是1898年美国和西班牙交战期间发生的故事，当时美国希望能够和反抗西班牙政府的斗士加西亚取得联系，于是就派中尉安德鲁·罗文前往古巴丛林，希望他能够将美国总统的亲笔书信交给加西亚。在当时的条件下，想要完成这个任务，难度的确很大。首先，加西亚是谁，谁也不知道；加西亚具体在哪儿，也不清楚；罗文该往哪个方向去寻找，该找谁打听消息，谁又是接头人，同样不清楚。此外，如何把书信安全地送过去也是个难题，况且古巴丛林恶劣的环境是个巨大的挑战，加上西班牙军队的追杀和阻拦所带来的风险，没有人能够预知这个任务能否完成。不过罗文根本没有多想，也没有考虑那么多，更没有因为各种困难而为自己找借口，而是立即着手行动。最后，坚强的罗文克服了重重困难，顺利将信件交到了加西亚手中。

罗文的成功除了出色的个人能力之外，就是出色的工作态度。尽管困难重重，但是他从来不曾为自己的工作找借口，这样使他能够依靠坚定的意志力来完成工作。在今天的工作中，很多员工在接受工作任务的时候，喜欢抱怨自己的工作环境，喜欢抱怨自己得到的支持不够，比如资金不充足、时间不充裕、帮手太少、工作难度太大、身体不适等。这些借口或许能够暂时掩饰个人能力的不足和胆怯，能够掩饰暂时的失败，但是最终只会摧毁员工的信心、工作能力以及上级的耐心和信任。

很多员工喜欢找借口，而且找借口很容易成为一种习惯，那些喜欢找借口的人以后每次接受任务和面对困难时，总会习惯性地感到恐慌，会抱怨“这件事太难了”“这样的任务几乎是不可能完成的”“难道就没有找到更合适的方法吗”。而各种各样的借口很容易削弱他们的专注度和自信心，从而延迟和动摇他们行动的决心。

在华为公司，很少有员工为自己的工作寻找借口，尽管很多工作的确存在难度过大的问题，但是任何一个工作任务以及目标实际上都经过科学的分析，并且制订了多套可行性的方案，可以说这些工作任务还是有办法实现的，关键在于基层员工能否尽心去办，能否想办法寻找解决问题的方法。正是因为如此，华为人始终能够坚守岗位，坚决地执行工作任务，而很少有人打退堂鼓。

有人说任正非是一个冒险家，因为他几乎每隔一段时间就会为华为制定一个新的奋斗目标，这些奋斗目标往往具有很高的难度，以至于很多人都不相信他最终能够实现，但是任正非从来不找借口，也不知道害怕和退缩，总是想办法解决。比如，1995年任正非要求用三年的时间将重新组建的莫贝克公司变成国内电源行业第一，仅仅过了两个月，他又提出了“做亚洲第一”的目标，当时很多人觉得这样的任务不可能完成，可是任正非根本不听下属们提出的各种理由和借口，他对员工们说公司会倾尽全力来提供所需的资源，员工们只管去执行就可以了，而且千万不要在他面前找理由说办不到。

在任正非看来，任何工作都会有困难，如果一味抱怨有困难，而不想办法去克服，那么最终可能什么事情也办不好。大家都了解任正非的脾气，因此很少有员工会找借口推脱，只能硬着头皮去做。虽然员工们经历了很大的困难和挫折，可是一段时间之后，他们发现当初提出的那些任务和目标竟然一个个都实现了。

在任正非的要求以及华为文化的影响下，华为的员工几乎是执行力最强的一批人，他们总是带着自发的、主动的精神去解决问题。对此，很多在华为工作过的人都有很深的感触，尤其是一些老员工，他们在多年的工作经验中总结出了两点：第一，任何工作任务都是经过科学分析才下达的，因此没有完成不了的任务；第二，方法总比问题多，任何工作都没有必要找借口。正因为拥有这样的工作信念以及执行力，华为人才能够推动整个企业的发展，才能够让华为公司成为世界上最成功的跨国公司之一。

执行力很多时候体现在工作能力上，但往往也体现出员工的职业素养。在一个企业中，一流的员工找方法，而末流的员工则通常喜欢找借口。那些找借口的员工通常缺乏抗压能力、应变能力，同时也缺乏责任感，因此总是回避问题，总是想办法减轻自己要为失败所承担的各种压力，这样做无疑会让老板和领导感到心寒。

对于员工来说，改掉喜欢找借口的习惯很重要，这一点完全可以参照华为员工的做法。首先，在华为公司，只要上级下达了任务，那么员工的使命就是尽快完成它。在铁血的任正非以及铁血的华为制度的管理下，服从，无条件的服从就是所有华为员工的天职，除此之外的任何理由和辩解都是多余的。所以，员工没有必要也没有理由去质疑上级的命令，更不要去逃避。

其次，华为人都知道困难是存在的，但竞争同样很激烈。如果自己不想做，别人或许想做；如果自己做不到，别人可能会做到，在所有竞争对手虎视眈眈地盯着这个工作任务时，执行任务的人更需要把握住这个能够证明自己实力的机会。如果一直找借口推脱和回避，那么机会就会被别人夺走。

最后，在华为人看来，与其找借口，还不如尽心尽力寻找方法。他们会觉得任何一件事之所以没有得到解决，并不意味着它很难或者无法解决，而只不过是因为自己还没有找到最合适的办法，因此回避解决不了任何问题，只有立即寻找方法才最重要，盲目退却的话，下一次自己可能还会遇到同样的问题。

事实上，华为人表现出的工作态度证明了一点：一个人面对困难时的态度，远远要比他能否获得成功更加重要，找借口的人通常害怕承受失败，但寻找借口这种行为已经比失败更加失败，这样的员工难以受到老板的器重。所以，想要成为优秀的员工，首先就要抛弃借口，打造强大的执行力，这样才能够有效提升和挖掘自己的能力，并争取到更多的发展机会。

3. 你要做的就是服从

不服从分配就是麻雀，就是小奋斗者。你还把他当鸿雁配股？这就是干部管理错误。

——任正非

有的人认为军人出身的任正非身上有着巴顿将军的影子，正是他一手将华为公司打造成一支纪律严明的队伍。在管理方面，任正非一直坚持上级管理下级、下级无条件服从上级的理念，他觉得在一个公司里，这种权力平衡不应该被打破。

有一次，几个老员工倚老卖老不愿意听从一些新晋升的管理人员的命令，结果任正非很生气，当天他特意将那些老员工叫到办公室进行了一番推心置腹的谈话，并且特地谈到了巴顿将军。他说，巴顿将军有一次对战士们下达了命令："伙计们，我要在仓库后面挖一条战壕，8英尺长，3英尺宽，6英寸深。"当时很多士兵对这个命令感到困惑，觉得这样做毫无必要，而且挖这样一个大战壕，要消耗很大的人力物力，工程难度也大。大家嘟嘟囔囔地不想动手，巴顿将军躲在帐篷后面观察一切，气得两眼冒火。这时，有个士兵站出来对众人说："赶紧干吧，让我们把战壕挖好之后离开这里，那个老畜生想用战壕干什么跟我没关系。"巴顿听了不仅没有生气，反而觉得很欣慰，因为他觉得一个善于服从的士兵就是优秀的士兵。

任正非认为下级有权对上级的命令产生质疑，但是没有权力拒绝执行任务。服从与执行上级的命令，是一个华为员工最起码的职业道德和职业素养。华为公司本身的运作模式就是上层人员提出论证，下层人员进行实践，员工应该义无反顾地服从命令。因此，在华为公司的员工工作手册中，服从命令是其中一条重要规定。

事实上华为公司每年都会招聘大学生，而那些被招聘的大学生到华为报到后，就要进行为期一个月的军事训练，此外还包括为期五个月的封闭式训练。其中有一个很重要的细节就是，那些负责训练的主教官是清一色的退伍军人，由此可见华为对于军事化训练的重视程度。在训练中，如果学生们遭到了淘汰，或者不服从命令，那么就会被华为直接辞退。华为就是通过这种军事化训练的方式培训员工的纪律性，确保员工能够建立坚决服从上级命令的工作态度。

有人认为华为公司本身就存在一种“老板文化”或者说是“上司文化”，对此任正非从不否认，他觉得老板或者上级领导想要任免谁、想要下达什么样的命令，下级人员无权干涉，他们只能服从和遵守。他愿意给下属一些机会来提出不同的看法和建议，但是最终还是会说：“你要做的就是服从。”这种服从文化的出现实际上有效保障了华为人强大而高效的执行力，而这恰恰是中国其他企业及其员工所缺乏的。

现如今，有很多企业盲目地追求民主，在没有建立科学健全的体系之前，就将权力过度分散到基层员工身上，结果导致过度民主化，引起权力的失控。最直接的影响就是员工脱离了上级领导的监管，更喜欢自作主张；员工忽略公司的各项规定，开始按照自己喜欢或者擅长的模式来工作；企业各部门陷入散漫自由的工作状态，缺乏统一性；员工与领导之间的沟通交流减少，而矛盾冲突不断激化，甚至影响了日常工作的进行；公司也出现工作效率下降、成本增加、错误增多等情况。由于缺乏管束，整个企业往往会变成一盘散沙，盈利空间被进一步压缩，失去发展的动力和竞争力。

任正非本人并不是独裁者，但是他知道维系一个企业运转的基础往往就是权力，包括领导的权力、控制和指挥的权力、管理的权力，这些权力是联结管理者与执行者的重要手段。对老板以及公司高层而言，权力是确保自己的意愿和决策得以实施的保障，而对于员工来说，在接受工作指导的时候，必须服从这些权力的调配和管理，而且只有员工坚决服从上级的命令，才能够确保企业中的权力平衡。

华为之所以采取军事化的管理方法，强化纪律性和执行力，目的就是为了让所有人都能够对自己的上一级完全负责、完全服从。对于华为的任何一个员工来说，服从上级的命令是本职工作中的一部分，根本容不得打折扣。

不过在日常工作中，很多员工并没有这样的意识，有些人坚持认为“领导说对了，我就听，说错了，我就不听”；有的员工觉得对自己有利的可以听，对自己无益的暂且不听；有一些人只选择听那些好话，而听不得坏话；还有一部分员工总是只服从那些自己喜欢的领导；有的人则口是心非，嘴上答应，工作中却敷衍了事。无论是上面哪一种情况，都是对工作不负责、对上级不尊重的表现，而这样的员工通常得不到重用，也不可能获得进步。

华为一直以来非常重视人才的招收和培养，多年来招聘和培养了很多非常有能力的人，但是其中一部分被任正非拒之门外或者开除了，原因就在于这些人的工作态度有问题，比如他们经常按照自己的想法行事，不懂得尊重领导，更不懂得服从命令。对华为来说，工作能力固然很重要，但是工作态度以及执行力同样重要，一个能力再强的员工，如果不服从命令，不能按照指示去执行任务，那么最终也难以让人放心。

成功学大师卡耐基说："当你面对领导们喋喋不休的指教时，只有两件事可以做，第一是听一听他们说了些什么，第二就是按照他们说的去做。"一个优秀的员工总能够准确定位自己的地位和责任，知道自己应该做什么、应该怎么做，而不会轻易质疑高层的决定，不会轻易在工作中加入私人恩怨，不会和上级对着干，更不会敷衍了事，可以说那些优秀的特质往往就是在约束和服从中形成的。

4. "做过"并不意味着"做好"

什么叫奋斗？为客户创造价值的任何微小活动，以及在劳动的准备过程中为充实提高自己而做的努力，均叫奋斗。否则，再苦再累也不叫奋斗。

——任正非

很多公司都会给予老员工一些优待，比如将老员工提到领导和管理的位置上去，让老员工得到更多的自主权。华为公司也对老员工有优惠，但并不是每一个老员工都能够受到关照，也不是所有老员工都能够拥有崇高的地位。

正因为如此，在企业中，有很多老员工抱怨不公，认为自己多年来兢兢业业地工作，每一项工作都按时完成，每一个任务都没有拖沓，而且从来没有将什么工作搞砸过，为什么一直都只能是普通员工呢？这些抱怨有一些道理，但实际上他们可能忽略了一个最重要的问题，那就是公司看重的价值和贡献，是能力，而不是资历。此外，他们还混淆了一点，那就是他们的确能够听从命令去做事，甚至可以按时把工作做完，但是未必总是能够把工作做好。

“做了”和“做好”是两个完全不同的概念，很多时候当上级领导进行巡查的时候，员工都会信心满满地回答说：“我将工作做了。”可是“做了”并不意味着你将工作做得出色，并不意味着你的付出取得了额外的效果，为整个公司创造出了更多的价值。

做工作或者是将工作做完，这是员工的一个基本素养，它仅仅体现出了一种执行任务的基本态度，至于将工作做到何种程度，产生了多少价值则没有体现出来。比如设计和生产产品，同样是完成工作，有的产品设计上毫无特点和新意，产品质量也有很多漏洞；有的产品不仅设计独特，而且质量非常好。这样一来，员工的工作成效就有了明显的对比。

延伸开来说，做过或者做完工作是员工对上级负责，而做好工作则是对工作、对公司以及对自己的负责，如果说“做过”体现的是一种被动状态下执行命令，那么“做好”则表现了更多的主动性和责任感，证明了员工不仅愿意去做，而且愿意去做到更加出色。做好工作应该是一个优先具备的素养，也是一流执行力的体现，它兼顾了工作中的时间、效率、质量与价值。这就是很多看起来兢兢业业的人总是难以受到重用的原因，因为他们仅仅只是注重执行这个动作，而没有顾及执行的效果。执行力包括完成任务的程度，因为从概念上来说，执行力是指有效利用资源、保质保量达成目标的能力，可见“保质保量”是衡量执行力强弱与否的重要指标。

在华为公司，每年都会有一些老员工被淘汰出局，还有一些老员工则是工作十几年了仍旧没有得到晋升，就连一些当初跟着任正非创业的元老级员工，到了今天也没有像想象中的那样成为副总裁或者部门经理。有人认为任正非是一个不讲情面的人，但对于任正非而言，工作绩效决定了一切，做得多、做得好的人，公司自然会重用；反过来，工作不出彩的人注定了难以获得晋升的机会。

华为公司的绩效考核可能是国内公司中很全面、很严格的，而且华为专门为员工设置了三个考核层次，第一个是持平，第二个是达标，第三个是挑战，很显然达到挑战级别的员工，总是能够主动去超额完成任务，确保工作价值和效益的最大化。因此，在华为公司，获得高额奖金的通常都是那些在工作中表现更加出彩的人。

这种情况在华为初期非常明显，那时候为了获得高速发展的机会，任正非和员工们夜以继日地工作，尽管工作量非常大，员工们也将所有的任务执行了下去，可实际上效果并不好。员工之间的工作经常有重叠，而且工作效率低下。通过调查和分析，任正非觉得问题出在了员工的执行力上，虽然员工们都在做，可是并没有真正将工作做好，很多时候只处于求量不求质的状态，因此造成了资源的极大浪费。

之所以会出现类似的情况，一个重要的原因在于很多人对于执行力的误解和曲解。他们认为执行力就是工作，可是执行力通常也包含着工作态度、能力以及办事的结果，这是不同级别的员工之间的区别。一流的执行者懂得将自己的工作做到更加完美，而三、四流的员工可能仅仅只是单纯地应付交差。

从这种区别来看，对于员工而言，执行力实际上就是竞争力的一种表现，高效的执行力往往决定了更强的竞争力。如果一个人能够以更少的时间、更低的成本、更高的业绩来完成某项工作，他所展示出的个人能力肯定比那些仅仅被动完成工作任务的人更高，因此也更容易受到重用。

此外，很多员工的执行能力不强，体现在工作中就是欠缺责任心。执行力体现的是一种工作态度，需要员工保持激情、动力，以及责任感。责任感不强的人难以认真对待自己的工作，也根本不可能尽力将工作做到出色，总是想着“既然上级没要求更多，那么我把工作做了就行”。而富有责任心的员工，常常会在工作中投入更多的精力，他们不仅要做完工作，还要尽量在工作中创造最大的价值。

换言之，一个高效的执行者，不仅需要具有完成工作的出色能力，还要拥有良好的工作态度，这样的执行者才能真正让老板和公司放心。

5. 立即去做该做的事

许多重要决策必须一致通过，少数人通不过，要做工作，甚至有时做不通就拖着，这种决策的安全性拖累决策的及时性。

——任正非

1876年2月14日，贝尔申请了电话的专利。在同一天，另一位发明家格雷也向美国专利局递交了相似设备的专利申请书，但是他因为比贝尔晚了几个小时而痛失电话发明权，最终失去了这样的荣耀。更为可惜的是，格雷原本有机会获得这项专利，只不过他在研究成功之后并没有立即去专利局，而是在家待了一段时间，正是这段被延迟的时间导致他被贝尔抢了先。

就因为延迟了几个小时，格雷这个名字并没有像贝尔那样被人所熟知，而成了反面教材中的案例。多少年来，政治学家、军事学家、经济学家、管理学家都试图从中吸取经验和教训，但是格雷的拖延症在今天仍然大量存在，尤其是在企业中，很多人存在拖拖拉拉、延迟行动的习惯，这种低效的执行力常常会给企业带来很大的损失。

其实在很多公司，无论是领导还是员工，常常会有各种设想，有各种出色且富有创意的规划，可是最终没得到实施，问题就在于他们只专注于思考和讨论，却没有立即去执行，结果计划一拖再拖，到最后不了了之。在企业中，拖延往往是阻碍计划实施的最大隐患，因为计划通常具有时效性，只有在特定时间内，计划的实施才能达到完美的效果，拖延和延迟会打乱原有的计划，导致结果发生变化。其次，拖延会造成更多的犹豫不决，甚至使计划流产。哈佛大学曾经做过统计，发现高达80%的优秀计划和点子因为没能及时实施下去导致胎死腹中。另外，对于公司的老板以及领导者而言，同样等不起，如果员工迟迟没有执行下去，那么相应的成本就会增加，风险以及其他一些不可控因素也会增加，而且拖延会导致整个企业的各个环节受到牵连，引起企业运作流程的停滞。

这些经验教训也为企业和计划执行者敲响了警钟，而华为多年来也一直引以为戒。为了确保公司内部的执行力，任正非多年来保持着强势的领导风格，在公司内部向来是一言九鼎。有人认为这是独裁和专权的表现，实际上，任正非认为管理者必须保持自己的权威，必须形成足够强大的压迫力，这样才能促使下面的人立即按照自己的意愿行事。

其实不仅仅是任正非，公司里的经理、主管或者其他负责人，只要目标计划确定下来，所有人就必须立即行动起来，员工根本不用多想，不用犹豫，只要按照上级的要求执行即可。因为在任正非看来，当今社会竞争越来越激烈，不再是大鱼吃小鱼，而是快鱼吃慢鱼的时代，因此谁能够更快地制定科学的规划，能够更快地实施和执行下去，那么谁就能够更早地掌握先机，获得竞争的主动权和话语权。

所以，在华为公司内部，只要是上级决定了的事情，那么下级人员必定会在第一时间付诸实施，从来不会也不敢拖延，也正是因为这种雷厉风行的办事风格，华为才会屡屡把对手打个措手不及。另外，为了强化员工的执行力，任正非曾多次向员工推荐有关西点军校的书籍，在他看来，西点军校中的一些培训手段和文化氛围值得所有华为人去学习。比如，在西点军校，只要是教官规定的任务和动作，学员就必须在第一时间执行，不能有丝毫的犹豫和拖延。如果教官发现有人违规或者借故拖延，那么他很可能会被勒令退学。任正非也希望员工能够养成立即执行的好习惯，以此来强化自己的行动意识。

通过制度规定以及培训，“不要迟疑，立即行动”几乎成了华为企业文化的一部分，而这也是华为区别于其他企业的重要因素之一。就连任正非本人也坚持这一理念，从来不会拖延自己的工作。据说有一次，华为总部财务部门的几个年轻的员工在电梯里大发牢骚，抱怨公司为什么不在研发基地设立一套账务系统，害得他们老为结账报销的事情在基地和总部之间两头跑。当时，任正非就在电梯里，当他走出电梯时，大家吓得一言不发。可是几天过去了，这些发牢骚的员工没有受到任何惩罚，反而被告知研发基地新建了一套账务系统。

在华为，这样的案例数不胜数，无论是领导还是员工，只要是认定的事情，就要立即去做。比如，华为公司通常并不是最早制订通信升级计划的企业，但往往却是最早实现通信设备和产品升级换代的企业，原因就在于华为的执行力是世界一流的，只要公司确定了目标和方向，员工们总是会在最短、最快的时间内研发出来。这就是华为能够走出国门、走向世界的原因，更是华为能够保持技术领先的重要保障。

很多时候，大家都习惯了等待和推迟，遇事就说“等一等”“再想一想，看一看”或者“等会儿再去做”，这些通常是导致计划难以获得成功的罪魁祸首，也是导致执行力低下的重要因素。但是，无论是对于公司还是个人，任何一个可行的计划实际上都耗不起也等不起，因为只要是拖延，有时候会在几秒钟、几分钟、几个小时内就产生负面效果，这一点需要引起足够的关注。

对于优秀的企业和优秀的员工来说，最重要的并不是拥有足够先进的理念，而是具备立即行动的执行力，这种立即行动的态度才能真正体现出战斗力，才能体现出应有的竞争力。一味拖延只会造成“温水煮青蛙”的状态，导致斗志和竞争力的逐渐丧失，最终面临被现实所淘汰的困境。

6. 在老板发现问题之前就解决它

对事负责制是依据流程和授权，以及有效的监控，使最明白的人具有处理问题的权力，是一种扩张的管理体系。

——任正非

在很多企业，员工都是被动的执行者，每做一件事、每执行一个任务的前提都是等待上级的授权，只有上级下达命令，他们才会动手去做这件事，否则无论事态如何发展，他们都不会擅自行动。这种管理模式在一定程度上强化了员工的纪律性和服从精神，但是压抑了员工本身所具有的主动性和创造性。毕竟在企业中，员工是工作的主体，他们具有一定的自主权，拥有自己的思维和想法，过度用制度来束缚员工，只会导致他们丧失活力，他们的执行力也会因此大打折扣。

从工作环境来讲，由于员工通常工作在第一线，非常清楚工作的各个方面，因此对于公司以及各个工作项目中存在的问题、漏洞要比领导者更加了解，他们也经常能够比上级更早地发现问题，问题是他们是否愿意指出这些问题并加以解决，或者消极对待，等着公司领导来发现并下达命令。也许员工会理所当然地觉得，这是领导们应该做的事，这是领导们需要操心的事，或者坚称自己只负责执行命令，因此只要没人下命令，就不用去动手。

在发现问题之后，员工们的不作为或者漠视，体现了公司中企业文化的脆弱，反映了公司的执行力比较差。任正非认为，作为公司最重要的组成部分，员工有义务发现公司存在的问题，也有义务去解决这些问题，只不过这种义务不能仅仅是被动地等待授权，而应该增加更多的积极性和主动性。也就是说，很多时候，员工可以在第一时间内发现问题并主动予以解决，而不是等待老板发现问题然后下达命令。

好的员工总是能够成为上司的左膀右臂，善于帮助上司处理一些潜在的问题，不用事事都等待命令。在华为公司，任正非多次强调员工应该具备一定的自主性，不用事事都向上级请示，对于那些已经有规定和已经成为习惯的事可以直接通过。他之所以制定这样的规定，一方面是为了削减汇报和等待授权所耗费的时间，从而有效提升工作效率，提高公司的运作效率；另一方面，任正非觉得员工在发现问题后如果想办法自己动手解决，能够有效提升员工的执行力，而且越早发现并解决问题，企业面临的风险也就越小。

正因为坚持这样的工作原则，华为公司提倡的是一种对事负责制，只要有问题，员工就可以着手解决，而不用再执行过去先汇报、再等待的那一套工作机制，只要问题不是太严重，员工可以在上司发现之前尽快解决。对事负责制是一种依据流程和授权，以及有效的监控，使最明白的人具有处理问题的权力的管理体系，这是一种扩张的管理体系，能够充分调动员工的主观能动性，提升员工的责任感和执行力。

这种制度的推行使得华为员工获得了更大的自主性，比如2005年有个刚刚毕业的大学生进入华为的研发部门工作，在两个月之后的某个周末，这个新员工意外发现了研发部门的无线通信类产品线上出现了大批不合格产品。他觉得很奇怪，觉得可能是生产线上的某台设备出现了问题，为了减少损失，他立即动手进行检查，很快发现了问题所在，接着他牺牲周末的休息时间进行抢修，最终使设备正常运行。

新员工的做法很快赢得了部门主管的重视，因为如果这个问题一直没人发现，或者发现了没人去解决，那么哪怕在短短的几天之内，也会给公司带来很大的损失。正因为如此，主管很快将这个员工所做的事情汇报给了领导，结果公司对新员工进行嘉奖，而且一年之后，等到他逐渐熟悉了相关业务，公司就提拔他成为研发部门的技术负责人。

这个员工的做法不过是整个华为公司的一个缩影，“发现问题、解决问题”是华为人坚持的工作理念，也体现了华为公司“人人负责”的企业文化，而这样的工作态度和执行能力应该成为所有企业员工学习的对象。毕竟在很长一段时间内，大部分企业的管理都存在过紧的情况，导致员工成为只会等待命令的“机器”，这种模式剥夺了员工作为工作主体应该具备的责任感以及执行效率。

很多管理学家都在试图强调一点：员工首先是人，然后才是工作者。一个人应该具有主观能动性，一个员工也应该具有主观能动性，而不是成为“按钮式”的执行者。虽然公司需要忠诚的执行者，但绝对不是只能被动执行任务的员工，不是被命令禁锢的员工。况且那些缺乏主动性、缺乏创造性的员工很难引起老板的重视。

如果将企业的工作进行简化，那就是“进行规划—下达命令—执行任务”，在这个过程中，下达任务的上级与执行命令的下级都应该参与进来，不过对于那些有明确规定或者没有时间进行汇报的任务，员工可以进一步进行简化，在发现问题的时候主动加以解决，从而防患于未然。

一个好员工应当明确的是“我要为公司解决什么问题”，而不是“公司要我解决什么问题”，在日常的工作中，也不要总是觉得公司或者老板发现的问题才叫问题，不要觉得老板下达指令的工作才叫工作。老板也是人，总会有疏忽的时候，也有一些问题难以顾及，也会有一些难题难以发现和解决，而作为员工，存在的价值就是为了帮助老板解决各种问题，因此帮助老板找出问题所在，帮助他们解决这些问题，这才是好员工最应该做的。

7. 高效执行力离不开专注的精神

> 您想提高效益、待遇，只有把精力集中在一个有限的工作面上，不然就很难熟能生巧。您什么都想会、什么都想做，就意味着什么都不精通，任何一件事对您都是初工。
>
> ——任正非

无论是企业还是个人，都希望自己能够获得更多的成功，实际上很多企业与个人之所以无法获得成功，不是因为机会太少，而恰恰是因为机会太多，过多的机会分散了注意力，而且一些伪装成机会的陷阱会让人无法自拔。很多人在执行任务的时候，明明能力很强，时间也充足，却常常将工作任务搞砸，结果不尽如人意。这往往是专注度不够引起的，员工们在执行某项工作任务的时候，可能同时也在做别的事，或者希望将两个或三个任务一起完成，过多的任务分散了注意力和精力，也分散了资源，降低了资源的有效利用率，从而造成工作上的力不从心和失误。

华为公司向来看重专注度，有人曾经建议任正非进入信息服务行业。信息服务业的确是一块香饽饽，而且利润惊人，但是华为认为在自己的主营业务尚且不精的情况下，盲目涉入其他产业，是一种冒险行为，还不如集中精力做好主营业务，这样才能够将自己的业务做大做强。而且华为公司也明白在现有条件下，如果盲目扩张业务，就会增加员工的负担，从而影响员工的执行力与工作效率。

在华为公司的发展过程中，类似的诱惑很多。为了确保所有华为人都能够专注地工作，任正非在《华为基本法》的第一条就做了这样的规定：“为了使华为成为世界一流的设备供应商，我们将永不进入信息服务业。”从大的方向上来说，保持专注是华为的战略安排；从具体的工作层面来说，专注是华为对每一个员工的战术要求。正因为在工作中能够始终保持高度的专注，华为的员工才有着高度的执行力。

很多华为老员工在谈到自己的工作时，会提到这样一个原则：“一次只做一件事。”无论领导有什么样的命令，无论自己有多忙，都要坚持一件事一件事地去做，只有完成一个任务后才能做另外一件事。因此，华为员工在工作时能够全身心地投入进去，而不会因为其他事情而分心。

此外，华为人身上都有一股倔强的劲头，或者说他们之中有很多人很偏执，只要认准的事情和工作，一定会全心全意地投入进去。在华为公司，加班几乎是家常便饭，每个人都加过班，而且很多人经常工作到半夜，以至于任正非亲自安排专车接送，并亲自买夜宵来慰劳。

有个华为老员工在华为创业初期的时候，经常加班加点，有一次竟然整整一个月都没有回过家，家里的人很担心，找到公司，才知道他一直在办公室里工作，吃住都在办公室，而且还刻意关掉了电话，防止外人打扰。这种现象只是华为人专注于工作的缩影，很多人都有过类似的加班经历。

这些故事听起来有些疯狂，很多人包括员工的家属可能也无法理解这种近乎偏执的工作作风，但正如英特尔创始人格鲁夫所说：“只有偏执狂才能生存。”那些对工作疯狂执着的人、那些不达目的誓不罢休的人往往更加专注，也往往能够获得最后的成功，因为他们对于工作的投入比别人都要多。

专注是成功的重要保障，也是提升执行力的重要保障，不过任正非认为专注并不等同于时间上的投入，时间花得多，并不意味着就是专注，也并不意味着执行力就更加强，“明明可以在2小时内完成的工作却要花费14个小时来完成，这根本体现不出任何的专注”。所以，花更多的时间在工作上只是专注的一种表面形式，真正的专注除了时间得到保障之外，还要注重专一性和投入性——员工是否一直在做这件事，是否被其他事情所干扰，是否有明确的目标，是否注意到了工作中的每一个细节，是否保持不错的工作效率。华为人花在工作上的时间很多，时间的利用效率更高，这就是他们获得成功的原因。

“专注”作为一种工作态度，实际上包含着敏锐的反思、高度的自律，专注的人会时刻反思自己的行为，反思自己的工作方法，以便继续改进和提升。而且专注的人通常具有高度的自律精神，不会轻易被琐事所干扰，不会出现注意力不集中的情况，更不会随意浪费时间。

对于工作者来说，想要保证专注度，应该具有高度的职业素养、时间上的投入以及严格的自律精神，除此之外还要掌握一些技巧。比如，要保持工作环境的安静，因为只有在不受到外来因素干扰的情况下，工作者才能全身心地投入进去，才能保持注意力的集中；注意给自己设定时间限制，强制要求自己在某个时间段内就要解决问题或者完成任务，这样工作者就会自觉保持专注，从而确保自己不会超出时间限制；在工作前先厘清头绪，明确自己要做什么以及做的方法，这样才不会在工作中出现忙中出乱的状况；工作中要注意休息，以缓解疲劳，但是休息的时间一般不能超过5分钟，以免打断自己的工作状态。只要保持良好的工作状态并掌握相关的技巧，就一定能够保持工作的专注度，能够在规定时间内更加出色地完成工作任务。

1991年的美国独立日，“股神”沃伦·巴菲特和比尔·盖茨第一次会面，巴菲特和盖茨向来没有什么交集，彼此之间对于对方的工作也不感兴趣，可是在当天的晚宴上，当盖茨的父亲提出“人一生中最重要的是什么”这个问题时，两人异口同声地回答说“专注”。正因为专注，两个人开始惺惺相惜；因为专注，两个人此后都获得了常人无法企及的成功。“专注”是奋斗者获得进步的重要保障，更是成功人士身上最不可或缺的特质之一。

8. 保持良好的纪律

组织纪律性是任务完成的重要前提条件。

——任正非

军人出身的任正非为了强化员工的纪律性，多年来一直在公司推行军事化管理，这些管理通常具有军队的烙印，比如，叠被要整齐、按时起床、按时上下班、走路的步子要正、站立时要昂首挺胸、说话要铿锵有力。从进入华为的第一天起，所有员工的起居饮食都要接受最严格的审查，只要不合格，就会被通报批评，至于那些屡教不改的人，通常会予以开除。比如，新员工在纪律培训中有一条规定：“皮鞋、西裤、衬衫、领带一个都不能少。”如果谁在培训课上缺少了其中一样，那么就要接受惩罚。而且对着装上的颜色也有规定，比如皮鞋必须是黑色的，衬衫必须是白色无条纹的，西裤也是黑色的，袜子是深色的，如果有人穿错了颜色，每次都要罚钱。

在培训期间，每个员工都是晚上12:00准时入睡，早上5:30起床。对于迟到的人，每次都要扣除3分（基本分是20分），重要的是扣除分数的并不是一个人，比如，迟到的员工来自403宿舍，那么整个宿舍的员工都要扣除3分；不仅如此，就连隔壁402与404宿舍的员工也要每人扣除3分。这种从众处罚和连带处罚的目的就是为了强化员工的纪律性。为了不拖累其他人，员工就不敢轻易迟到了，而且员工之间也会相互提醒，加强合作与联系。

不仅如此，任正非还要求每一个员工学着唱军歌，而且华为公司每次在召开员工大会之前，都要求员工一起唱《团结就是力量》《中国人民解放军进行曲》等革命歌曲。华为公司可能是唯一要唱这些歌曲的企业，不过，唱革命歌曲，可以为华为员工注入强大的战斗激情，同时也增强了员工的组织性、纪律性和集体意识。

任正非认为每个人都应该做到“从心所欲而不逾矩”，员工们可以保持一定的自由，但是一定不要逾越了公司的规定，不要触犯了公司的制度。在平时的工作中，纪律性、组织性也是华为公司重点强调的话题，员工们都要自觉遵守纪律，不要做任何违背规定的事情，不要做任何违背命令的事。

这也是华为“狼性”的表现，因为狼群向来是协同作战的，没有一只狼会脱离组织的安排冒险出击，也没有一个员工会单独行动，一切都被严格的制度规范着。这种纪律性就是任正非希望的“职业化、规范化和标准化”的重要保障。

很多企业之所以会出现企业文化的缺失，并不是因为提不出好的建议和理念，并不是找不到共同的价值观和文化理念，只不过员工在践行这些文化的时候，缺乏纪律性，做事散漫无章，不遵守规章制度；员工之间缺乏默契，思想不统一，行动不统一，工作中不懂得团结合作；不按流程办事，不按照上级的规定办事。正因为整个公司缺乏整体性和统一性，所以难以建立企业文化，企业在进行管理以及员工在自我管理的时候，都会欠缺足够的约束力和引导力，那么在工作中就会进一步降低工作效率。

在工作中，纪律往往是执行力的保障，缺乏纪律性的企业或个人，其执行力也会比较低。想要提升员工的纪律性，想要建立一个有组织、有纪律的企业，就要明确职责，分清责任，让每个人都能够承担起责任。

有些人觉得纪律性是针对员工的，需要让员工服从组织的安排和管理，公司的纪律性下降，就是因为员工不服从管理；不遵守规章制度，就是因为员工自由散漫，甚至擅自做主。

但是，纪律并不是员工的纪律，不是某一个人或者某一个阶层的人的纪律，它应该是整个公司的，应该是一个公司的标签。无论是自上而下还是自下而上，企业都需要全面推行纪律管理，虽然底层员工是最终的执行者，他们的纪律性似乎直接关系着公司的执行力，但从某种程度来说，上层领导和中层干部更应该遵守纪律，更应该提升自身的纪律性。毕竟从发展的角度来说，管理者和领导者具有引导作用，一个公司该如何发展，会发展到何种地步，很大程度上取决于高层的决策，不过决策并不是简单地拍板定案，因为涉及公司上上下下全体员工的利益，决策者也要保持纪律。

如果缺乏纪律性，不能明确自己的职责，或者不愿意负责，那么就会出现因为逃避责任而害怕做出决定的情况。这种畏首畏尾的做法会造成恶劣的影响，会破坏公司发展的目标，而且当上级开始推脱责任的时候，下层员工肯定不会负责，不会认真践行自己的职责，执行效率肯定也就不高。

只有自上而下都明确责任，建立起相应的责任机制，同时中上层的管理人员要懂得以身作则，不违背规定，做事不搞双重标准，不以权压人，这样才能在整个公司中为强化纪律性打下基础。而对于一线员工而言，同样需要提升纪律性，要坚决贯彻和执行公司的任务和上级的命令。在培养员工纪律性的时候，企业可以通过奖惩制度来强化。与此同时，员工自己也要培养团队意识和责任心，要主动遵守相关规定，服从工作命令，把自己当成企业的一部分，时间一长，就能够强化和提升自己的执行力。

此外，员工纪律性的缺乏往往在于标准的混乱，整个企业没有建立起统一、固定的工作模式，因此很容易各行其是，自作主张。因此，提升纪律性的关键还在于统一性。员工之间必须达成统一的工作机制、工作方法和工作目标，这样所有员工才能形成更加规范的行动。华为在培养员工的统一性方面下了很大功夫，而且拥有一套独特的培养方法，比如，编写软件的员工通常会统一安排进行“编程规范”的培训，员工们要参加“一二一软件训练营”以及“一二一硬件训练营”。编写程序的员工必须将公司所有的软件编写用的语言、模式加以统一，包括文档格式全部进行统一。这样的基础训练可以确保员工使用统一的编程语言。

如果说标准和规则的缺失造成了纪律的缺失，那么纪律本身就是一种规则，也包含了对这种规则的执行和实施。破坏了这种规则，纪律性也就不复存在，执行力同样会打折扣。从企业管理的角度来说，只有遵守规则，才能保持良好的纪律，也才能提升纪律性，最终让整个企业有效运转起来，而这样的企业才能真正走向职业化和规范化。

9. 执行时不能追求差不多

你有能力，但没有完成责任，没有达到服务要求，我们就不能给予你肯定，给予你高待遇。

——任正非

有些人在生活和工作中，常常缺乏准则和固定的标准，遇事只要差不多就行，别人托付他做的事，他从不认真完成，觉得只要最终的结果差不多就行；别人都严格按照规定办事，他觉得只要方法差不多就行了，没必要完全一样；明明有好的方法去改进，他觉得其他方法也差不多，没必要非得改进。在这些人看来，多一点、少一点都是差不多的，好一点和坏一点也无所谓，没有必要斤斤计较。

很多企业中都存在“差不多”先生，这些员工在工作时，往往不能严格执行各项工作程序、工艺标准和安全卡控措施，也缺乏明确的流程和目标，凡事都以为只要做到“差不多”就行了。当领导要求员工将手中的工作做好、做到位时，员工可能会自以为是地告诉自己差不多就行了，何必那么认真呢？当员工在工作中出现一点偏差后，会自我安慰说“差不多就行了，应该不会有事”，结果很容易把工作搞砸。

“差不多”听起来和正常的标准相距不远，但实际上由于缺乏明确的目标和规范化、标准化的指导，很容易造成工作中的误差，导致对工作程序进行不合理的简化和不科学的缩减，导致小毛病、小违章不断，并容易造成众多事故隐患，甚至对安全生产构成严重威胁。

“差不多”的想法是企业发展和生产中的毒瘤，一个人拥有“差不多”的想法往往会造成很大的影响，如果企业中的每个人都觉得差不多，那么这个错误只会不断放大。比如，当一项命令下达之后，第一个接受命令的人觉得差不多就行了，这样就导致出现了1%的错误；当他接着往下传达命令，第二个接受命令的人也因为抱有差不多的心理而出现了1%的偏差；随着任务的不断传达，误差就会越来越大，等到最后执行结果出来后，可能与领导制定的目标和提出要求截然不同。

正因为如此，工作一定要规范，要有标准，要尽量做到数据化，这样才能明确自己的工作量、工作效果、工作的方式以及所要达到的结果。比如，华为公司在进行管理体制改革后，果断实行了“四化”管理模式，这“四化”分别是职业化、规范化、表格化、模板化。任正非认为职业化应该是指同一时间、同样的条件下，确保做同样的事的成本更低，因此职业化应该是提高效率的手段，当然也是企业发展总的概念和最基本的要求。

所谓规范化，则是指严格按照规章制度和流程办事，从而构建一个相对稳定的、规范的管理体系，主要目的是为了让企业的运作更加协调高效。

表格化指的是运用表格和图表来统计信息。表格化的基本形式就是数据化，因为填入表格的信息多半都要以数据的形式表现出来，像业绩的考核、工作目标的制定，都离不开数据。数据化已经成为现代企业发展的趋势，毕竟数据可以为企业提供最直观的参考信息，能够为企业提供最理性化的决策。

所谓模板化，是指为那些经常要展开的工作制定一个模板，这样一来，以后做类似的工作时，按照模板来填写相关信息即可。比如，华为公司的项目管理中就存在项目策划书模板、项目总结会议模板、项目总结表模板、进度计划表模板、风险管理表模板、项目沟通计划表模板等十大模板。模板的存在实际上也是一种规范化和标准化的形式，可以有效提升工作效率。

这“四化”从本质上来说，就是制定一种严格的标准，确保每一项工作都能够有准确的依据和指导，而通过这“四化”的管理模式，华为的每一份工作从制定决策到执行，都严格按照流程和标准来进行，不能有半点的马虎和偏差。目标的方向、工作的方法、工作的模式、工作的流程、工作的阶段性目标都能够严格按照标准来把握。

通过“四化”的建设和改革，华为公司的管理水平有了明显的提升，员工们接受任务时，能够准确了解上级的计划和目标，能够明确上级制定的各种要求，也能够知道自己到底该如何做、做什么、做多少、在哪儿做以及做到何种程度，还能够明确每一个阶段的任务。通过规范化的流程，员工能够准确知道自己的工作进度，了解自己是否把握了正确的方法和方向。最后，员工可以通过工作业绩显示出来的数字来了解自己是否已经顺利完成任务。

客观来看，“差不多”思想的根源在于员工想要偷懒，怕多干活儿，工作责任心、事业心不强，而归根结底就是执行力不强，凡事觉得只要按照大致的方向和标准完成任务即可，至于工作的方法、工作的进程是不是完全按照要求并不那么重要，至于具体完成的工作量也没必要非得完全与上级规定的标准吻合，似乎多一点、少一点、偏一点也没有任何关系。

华为公司着力打造严格的管理流程和管理模式，坚决杜绝“差不多”现象，确保一切都能够符合规定，并且还以准确的数据来衡量目标和业绩，因此员工的执行力容不得半点折扣。只要员工没有按照流程和规定办事，就要受到惩罚；只要员工没有按时完成工作任务或者没有完成上级规定的量，就要接受惩罚。正是因为如此，华为员工的执行力才会变得更加高效，员工的成功才会更加有保障。

对于公司来说，如何强化自己的管理体制，如何建立一套标准的流程，至关重要，因为只有管理到位，员工才能执行到位。而对于执行者来说，遵守纪律和规定是执行任务的前提，只要上级下达了命令，那么就应该对命令的内容有最直观的了解，然后一丝不苟地认真完成。同时要强化自己的责任感，要坚持对自己的工作负责到底。

另外，想要杜绝“差不多”的现象，公司管理层要有明确的计划和目标，不能模棱两可，不能做出一些糊涂的指示，公司管理层如果定位不清、方向不明，那么下层的执行者肯定会左右摇摆，出现敷衍了事的情况。

第三章

华为中的每个人既是工作者，也是管理者

提到管理，多数人想到的是领导者、上司或者老板，想到的是地位与层级的区分，想到的是上层人员对于下层人员的控制和指导，不过，“管理学之父”彼得·德鲁克认为：“一位知识工作者如果能够凭借其职位和知识，承担起对组织做出贡献的责任，并且做到实质性地提升了该组织的经营能力以及创造出了成果，那么他就是一位管理者。”就像华为人所做的那样，每个人都在想办法发挥自己的主观能动性，都在管理和控制好自身所从事的工作，这样就确保华为成为一个富有纪律、富有责任感且富有活力的组织。

1. 更聪明地进行工作

人是企业的财富，技术是企业的财富，市场资源是企业的财富……而最大的财富是对人的能力的管理，这才是真正的财富。

——任正非

“更聪明地工作”是华为海外员工的一句口头禅，而这句话几乎成为华为员工工作态度与工作方法的真实写照。有一次，华为驻印度办事处的中国籍员工与印度本地员工开展了一次联谊活动。在活动期间，一个印度籍项目经理在与中国籍的华为员工谈话时说到一个问题，就是华为人的执着和干劲值得表扬和欣赏，但是努力有余而聪敏不足。这个印度籍项目经理认为多数华为员工非常卖力地工作，可是却常常陷入只肯卖力气的怪圈，在他看来，其实工作也有捷径，也有更为简便的方法，比如，员工在执行计划前，可以先确保自己在做正确的事，然后再想办法把事情做对，这样一来就能够把事情做得更好。

这个毫无恶意的建议被中国籍的华为员工记在心里，并且很快在公司内部传播开来，管理者要求员工在工作过程中进行自我控制和管理，尽量选择更为聪明有效的工作方法，而不是一味地埋头苦干。比如，在进行项目攻坚的时候，以往很多员工在草草了解项目的一些相关信息后，就急不可耐地动手，结果虽然保证了时效性，也体现出了优秀的执行力，可是最终的结果并不让人满意。而现在员工们会采取一些更为简单科学的方法，在任务开始之前，做好需求确认、项目预测、项目开发、培训计划、质量监督计划、项目必要资源供应计划以及风险控制计划、项目流程定义等，然后再正式开始工作。

聪明地工作并不是投机取巧，而是一种工作的技巧，是对工作效率的一种精妙设计。很多能力相近、工作任务、工作时间相同的人，最终的办事结果往往大相径庭，主要原因就在于效率，具体来说就在于工作方法的不同，有的员工习惯了直接动手，有的员工会寻找窍门，有的员工会尽量做好准备工作，这些不同的工作方法往往会产生不一样的效果。

这些工作方法的设计、选择，实际上关系到个人的管理问题，因为员工是执行任务与解决问题的主体，员工对于工作时机、工作方法、工作计划的把握和选择，决定了他们能够达到怎样的工作效率，而这就是工作过程中管理的部分内容。

无论是企业还是个人，在发展初期，往往更加重视结果而不看重方法，只要能够达到目标，无论何种方法都可以拿来使用，但是随着工作能力的提升，随着工作技能越来越成熟，对于效率的追求成为必然，能够使用最简单快捷的方法实现目标，能够用最合理的方式进行高效率的劳动，才是工作管理中的重点。

管理学家认为工作效率是可以设计出来的，这种“设计”是从工作专业的角度而言的，如果从管理的角度来看，效率其实是管理出来的。合理的安排、科学的设计，以及出色的创造力，这些都是管理中需要把握的重要因素，只不过这种管理通常是工作者对自身工作的有效控制。

在多数情况下，资源始终是有限的，没有任何一家企业及其员工能够无限制地使用资源，能够随心所欲地利用各种资源，这就决定了资源必须得到合理的分配和利用，寻求科学的工作方法成为必然。此外，更好的方法意味着更强大的竞争力，率先改进工作方法的一方，通常会占据竞争的主动权。

在过去一段时间，华为单纯地奉行艰苦奋斗的文化，企业虽然发展很快，但大都是依靠人力和时间成本来推动的。尽管艰苦奋斗的作风永远不会过时，但是在工作中仅仅拥有这些是远远不够的，管理好工作效率才是重心。因此，追求更好的工作流程、更便捷的工作方法、更完美的管理体系成了华为在转型期的选择。

华为公司是国内最先普及平板电脑办公的大公司之一，员工在开会和做记录的时候，通常会要求携带平板电脑进行记录。此外，华为公司要求每个人在汇报工作、制订工作计划的时候，都必须以邮件的方式进行传达，这样做的目的就是为了熟练掌握各种必要的电脑知识。手写记录或者编制各种报表同样能够完成这些工作，但是电脑操作比起人工操作更具效率，在发送、传播、查阅的时候更加便捷，而且安全性更高。

在今天，也许还有很多企业和员工习惯于手写，习惯于抄写报表，习惯于纸条小报告，习惯于纸质版的材料和资料，有时候一有急用，常常会因为无法及时找到相关的文件而乱成一团。电脑操作则会留有存档，检查和使用起来也非常方便。很多人认为这是工作习惯问题，但深究起来就是工作方法的选择问题，更是个人对于自身工作的管控问题。在现如今的社会中，如果工作人员不能熟练运用电脑，不能将电脑资源运用到工作中来，那么就是一种相对落后的管理模式，对于工作的把控力度也会降低。

如果说艰苦奋斗是人力资源最大限度的使用，那么“聪明地工作”体现的是一种技术资源的合理选择与配置。运用更为先进或者更为出色的方法来工作，本身并没有影响工作目标，而且会更快、更顺利地实现工作目标，这对企业或者个人来说，都是非常有必要的。

任正非曾经提到华为公司的性质，他认为华为是一个高工资、高压力、高效率的公司，很多人只关注到了高工资和高压力，却忽略了华为对效率的追求，这种效率不能狭隘地理解为工作中的办事效率，而是管理和运作的效率。对于任何一个工作者而言，想要更好、更快地实现工作目标，想要为企业创造更大的价值，都应该懂得选择更为科学、有效的工作方法和管理模式。

2. 关注并调动身边的资源

> 我们要团结一切可以团结的力量，并首先从团结我们身边的人做起。
>
> ——任正非

很多新员工在进入公司的时候，工作热情往往很高，只要上级领导一下达任务就立即动手去做，这种态度固然值得赞赏，但是所带来的成效却并不好，新员工在工作中会发现各种问题接踵而至：人手不够，各种必要的资源欠缺，不是缺这个，就是少那个，只能跑来跑去，尽可能地将所有需要的资源凑齐。这样一番折腾后，员工耗费了大量的工作时间和精力，结果反而不能让老板满意。

这种混乱局面是多数新员工都会遇到的问题，而之所以会出现这种情况，很大一部分原因就在于新员工在工作之前没有做好资源的调配和管理工作。管理通常分为主动管理和被动管理，比如，员工在接受公司被动管理的时候，在执行任务时同样要进行相应的主动管理，这个主动管理更多地体现为员工如何去应对自己的工作，而其中最常见的就是资源管理。

有人说“治大国如烹小鲜”，其实工作也是一样，执行工作任务的人，就像炒菜的厨师一样，上级要求做出一道好菜，这道菜就是任务，而做菜的原材料以及油盐酱醋等作料则需要员工自己去准备，更需要自己去安排和搭配，这些材料与作料就是资源。想要把菜做好，就要懂得管理和搭配好各种材料和作料。

很多新员工在工作中出现问题后，往往会抱怨工作难度大，会抱怨自己得到的支持不够，可从工作过程来看，真正的问题在于他们并没有认真观察自己的身边有什么样的资源，也没有有效地挖掘和利用好这些资源。换言之，如果员工善于规划和管理，那么就可以轻松地分配资源和调动资源，真正把工作做到位。

华为公司非常重视资源的合理分配与安排，而员工也形成了良好的关注资源的意识。首先，华为公司为员工提供了最优秀的技术支持、合作伙伴、指导老师以及先进的开发设备，旨在为员工打造一个具备优势资源的开发平台。很多在华为工作的人表示，自己在工作中可以获得足够的资源，有效地避免了员工有能力而缺乏支持的情况的出现。

不过，公司提供资源，而如何有效调动和利用资源则是员工个人必须做到的事情之一。在华为公司，任何一个员工都能够积极地调动身边的资源，而其他人也会尽量想办法予以满足。比如，在进行市场开发的时候，华为员工可以在短时间内从其他员工以及其他部门手中集合众多的资源，从研发部门拿到产品的数据，从财务部拿到更多的资金，从技术资源系统的产品部获得客户反馈的信息，或者直接从客户那里了解市场行情。即便是在市场部门内部，也可以随时调动相关的资源，确保目标工作得以顺利完成。所以，任何一个部门的员工都有能力收集更多的有用的数据和资料，也有必要这么做。

对于华为而言，一个大一点的项目从计划、需求的提出到整个项目运作的最终完成，往往要花费一年半左右的时间，这些项目虽然是某个部门或者某一个人负责的，但却是整个企业共同来完成的，项目的负责人与工作人员往往需要协调来自各个部门的项目成员，还要对所有的资源进行整合安排，如果员工不善于管理和调动资源，那么整个工作就会陷入停滞状态。

一个员工的价值并不仅仅在于他自身的工作能力，更在于他对于工作的合理控制与管理，在于他是否善于利用各种资源。优秀员工总是能够有效调动和整合身边的资源，确保这些资源实现价值最大化。在日常工作中，这些资源不仅仅局限于物质的工作条件，它还包括一切人力和物力，比如工作者本人、领导、同事、下属、服务的客户、供应商、工作设备和各种材料等。重要的是，多数人都拥有这些资源，但是能不能利用且该如何利用，就成了员工之间能力的最大区别。有的员工拥有众多资源，但是不懂得调动这些资源，一味地单独蛮干，或者说有资源却不知道该如何进行整合，最终不仅造成了资源的浪费，而且效果还不好。有的员工虽然掌握了很少的资源，但是总能够进行合理的搭配和利用，从而最大限度地发挥了这些资源的功效。

员工在接到工作任务以后，一定要养成资源规划的习惯，而在规划资源的时候，需要弄清楚一些资源管理的思想，要了解工作中应该向谁汇报和请示，而且怎么样才能让自己的汇报工作获得通过；要了解下边人的想法，弄清楚他们各自的能力与特点；搞清楚工作中需要和哪些人员进行对接，可不可以从这些人中获得更多的提示和帮助。此外，员工必须明白和工作相关的技术资源到底有哪些，这些技术资源可以通过哪些渠道来获得，而关键物料又是如何供应的，实验设备以及环境资源如何，个人在工作中如何获取这些。在了解并获得这些资源后，最重要的就是确保自己能够合理支配这些资源。

这一系列的任务都是员工的工作内容之一，如果只是单纯地执行一个命令，或者围绕着上级简单的几句交代去办事，而缺乏必要的管理手段，那么可能会因为资源欠缺或者搭配不合理而导致任务失败。而且从竞争的角度来看，如今想要获得更多的竞争优势，首先要看谁手里掌握的资源更多，毕竟资源越多的人，竞争优势越大。其次要看谁的资源整合能力更强，竞争优势更大的通常都是那些更善于整合和管理资源的人。从这两个方面来看，员工应该积极提升自己在资源管理方面的才能。

3. 做好自己的时间规划

2个小时可以干完的活儿，为什么要加班加点拖到14个小时来干？

——任正非

在企业或者个人谈到资源时，通常能够想到的是资金、原材料、人力、技术，而在众多资源中，也许时间是最不被人重视的。在工作中，多数人都没有建立起科学而明确的时间概念，也不够重视时间在工作中所起到的重要作用。多数人可能忽略了以下两点：首先，时间的重要性，从企业或者个人的发展来看，时间就是金钱，就是效率，就是经济效益；其次，从必要性来说，时间是一种不可再生资源，每过一分钟一秒钟，就会失去或者减少一分钟一秒钟，而且这种资源流失是无可替代且永久性的。

正因为如此，时间管理成了一个热门话题，也是企业与个人在工作中需要面对的重要问题。那么该如何重视时间并进行时间管理呢？华为人认为，重视时间并不是要求员工一天20小时不下线地苦干和死干，而是要求员工懂得把握和提高时间的利用价值，在最短的时间内高效地完成任务，在最短的时间内尽量创造出最大的价值。同时，要懂得把握时间的规律，并按照自己的实际情况，对时间做出合理安排。

时间管理是一个非常庞大的概念，简单来说，就是时间的合理安排和有效利用。而如何进行有效利用与合理安排时间却是一个难题，毕竟作为一种最常见也最容易被忽略的资源，多数人难以做到合理控制和管理时间。很多人抱怨时间不够用，但通常情况下不存在这样的问题，所谓的时间不够用，一般来说是因为工作当中的时间规划能力太差。

比如，很多员工在工作时缺乏计划，而无计划、无目的的工作往往会带来很多风险，造成工作时间的浪费，并导致工作越来越不顺利；有的员工组织工作能力缺乏，这会导致工作重复、沟通不良、工作断断续续以及主次混淆等情况；有的员工时间控制不够，喜欢习惯性拖延，对不速之客的处理时间过多，经常接电话，以及带有泛滥的会议病；有的员工整理能力不足，以致花费了大量时间来整理和收拾物品；还有一部分员工做事不够专注，进取心不足，导致上班期间态度消极，或者经常寻找诸多借口来推掉工作，喜欢长吁短叹或者发牢骚。

以上几点几乎是所有企业员工的通病，综合来说就是工作效率低下以及和时间浪费过多。如果进行科学合理的时间规划，就可以有效厘清工作头绪并了解相应的程序和脉络，就能够有效降低工作中的风险，同时减少工作中的压力与阻碍。那么，如何才能做好时间规划呢？这个问题见仁见智，但是时间规划作为工作规划的一种，自然需要确定更为科学合理的步骤。华为人通常会确定以下步骤：

第一步，收集任务。对员工而言，在正式工作之前，要罗列未完成的任务、各种行动方案以及正在等待执行的任务，并进行专门记录，确保不会遗漏。

在华为公司，管理者通常习惯在每件手写物品上注明日期，像一些即时便条、与客户通电话后的随手记录等。这些记录花费的时间很少，却能获得很多有价值的信息。

第二步，整理任务。员工必须对自己的工作任务加以区分，可行动的任务可以立即着手执行，无法在短时间内完成的可以对下一步行动进行管理；而不可行动的任务可进一步分为参考资料、日后可能需要处理以及垃圾等类型。

在整理任务方面，华为人通常会遵守一些基本原则，比如，每次坚持从最上面的一项开始处理，尽可能逐一处理每一个任务；坚持每次只集中精力处理一件事情的原则；开始处理任务时，立刻判定它的实质及处理方法，防止二次处理带来的时间浪费。

第三步，管理任务清单。对于那些参考资料的管理或者对下一步行动的管理，一定要制定任务清单，比如，通过文档管理系统来管理参考资料，而对用来记录那些委派他人去做的工作的等待清单、记录延迟处理且没有具体完成日期的未来计划的未来清单，以及记录后续工作任务及要求的行动清单则进行下一步行动管理。

在华为公司，员工会详细制定自己的任务清单，如果某个项目的步骤比较烦琐，则会对其进行进一步细化处理。例如，华为员工会按照地点分别记录任务，弄清楚这些任务是在电脑旁、办公室、电话旁进行，还是在仓库进行，同时要弄清楚在这些地点应该执行哪些任务。

第四步，回顾与检查。任何一项工作任务清单的制定都需要进行事后检查，这是为了确保工作任务的准确性与及时性。在华为公司，员工们通常按周进行任务检查，员工每周都会检查并更新所有的任务清单，并计划好未来一周的工作。在检查更新的时候，员工们要做的就是弄清楚自己需要关注哪部分的工作内容，以及什么时候开始关注这些工作内容。与此同时，为了维持系统的持续运转以及更好地从事更高层次的思考和管理活动，员工们要明白自己需要采取什么行动，多久进行一次回顾与检查。

第五步，开始行动。如何在维持系统和行动时取得理想的效果？这对任何员工而言都是至关重要的，为了达到最佳的效果，员工在选择清单以及清单上的事项来施行之前，应该充分考虑到所处的环境、时间长度、精力情况以及重要性等因素。

比如，华为人在开始工作之前，会弄清楚工作中需不需要一台电脑、一部电话，需不需要更多的帮手，自己需要花费多少时间以及自己拥有多少时间，自己的身体状况如何，该如何合理地安排各项工作任务，以及弄清楚哪些工作最重要或者更加重要。

这五个步骤充分显示了华为人在时间管理和规划方面的合理性，通过合理有序的准备工作能够确保工作时间的有效利用。

此外，华为人还将自己的时间规划变成一种表格化的工作规划，而为了将这种表格化的时间规划技巧进行泛化处理，华为公司又提出了很多时间规划的方法。比如，华为员工将每天要做的事情列成清单，尤其是在会议结束后，将任务记录下来，以便及时查阅；对于一些当天或者当时未能完成的工作，华为员工会寻找原因，并做好标记，在接下来的时间里尽快完成，防止清单上的任务越积越多；华为员工经常以月份、季度的形式规划好需要优先处理的工作事项，为了防止自己忘记规划的任务，华为员工大都会通过设置电子日历、手机备忘录、闹铃等进行提示；华为公司还要求员工必须保持办公环境尤其是办公桌的整洁，确保不会为整理和寻找物件而浪费时间；此外，华为员工会对文件材料进行分类处理，一些不需要或者用不上的文件会被及时删除。

科学合理地做好时间规划，往往可以有效提升时间的利用率，能够尽可能地减少不必要的时间浪费，因此时间管理是很重要的一个环节。在企业中，作为时间的掌控者与执行者，如果员工们能够真正做好时间规划，那么就一定可以更好地提升工作效率，可以创造更大的价值，对自己的职业生涯也大有裨益。

4. 不要忽视了自己的决策能力

现在流程上运作的干部，他们还习惯于事事请示上级。这是错的，已经有规定，或者成为惯例的东西，不必请示，应该快速让它通过。

——任正非

2009年，任正非在题为《让听得见炮声的人来决策》的讲话中多次提道："应该让听得见炮声的人来决策。后方配备的先进设备、优质资源，应该在前线一发现目标和机会时就能及时发挥作用，提供有效的支持，而不是由拥有资源的人来指挥战争、拥兵自重。谁来呼唤炮火，应该让听得见炮声的人来决策。"

这句话证明华为是一家愿意放权的企业，而任正非也是一个注重提升员工决策能力的好领导。在华为内部，一些重要的大事，比如战略规划或者政策性的决策，都需要高层参与进来；而对于工作中的一些小事情，员工则完全拥有自主做出决定的权力，而不用每一件事都往上汇报，不用每一个环节都必须征得上级领导的首肯与授权。在研发部门，研发人员可以按照自己的理解去进行设计；在市场部，市场调研与开发人员可以决定市场开发的走向。

在华为公司，员工从来都不是被动的执行者，而是允许获得一定程度自主权与决策权的工作者。在各部门的内部会议中，员工们通常都喜欢积极发言，说出自己的真实想法，有些人则认真做好记录，然后进行分析，加入自己的见解，从而为上级领导做出正确决策提供各种积极的建议。

华为公司之所以积极地让员工参与决策，原因就在于员工通常更加熟悉工作中的问题，他们的看法与观点也更加真实、客观，而且更具针对性。此外，员工作为企业中的执行人员，有权按照自己的理解适当做出决定，这是培养员工主人翁意识的重要保障。当员工自觉参与企业的决策后，他们在管理方面的信心与能力会得到提升，工作的效率也会得到提升。

一般情况下，一些企业的员工会认为自己只是接受命令、服从命令然后执行命令的人，所以根本用不着关心企业的计划和规划，也不用在乎这些计划是否合理，不用在乎这些任务是不是真的符合公司的利益。正因为如此，在开会的时候，有些员工常常心不在焉，在底下开小差，或者干脆呼呼大睡，他们从不在乎领导们说了什么，更是从来不提什么意见。即便真的有机会提什么看法，他们也会说“这不是我该做的”“我没有必要操这份儿心”“我犯不着冒这样的风险”，在他们看来，将决策推给上级领导是最保险的做法。

出现这种情况的原因有很多，首先是员工的主人翁意识不强，对于公司的事情过于冷漠；其次就是员工缺乏决策的意识与能力，他们从来没想过自己可以帮助企业做出一些决策，也从未想过自己可以做出决策。加上公司的管理者常常有意无意地在这一方面压制了员工的权力，于是在潜意识中，员工就完全压抑了自己做决策的想法。

正因为如此，员工通常会产生一个误解，认为自己的全部任务就是接受并执行工作。可是作为企业运行体系中最终的参与者，员工所承担的责任和工作其实远比单纯地执行任务更多。即便从工作任务本身来看，员工需要负责的部分也有很多，包括工作进程的掌控、工作问题的解决、工作方法的应用、工作结果的追求，这些都需要员工自己进行管理和选择，此外一些关于细节的决定还需要自己做，毕竟当领导将工作交给你之后，就不太可能过多地干涉和参与进来。

员工不应该将自己定位成一个只知道执行任务的傀儡，因为如果员工只是按部就班地执行命令，那么机器人的工作效率无疑会更高。每个人都有自己的创造力和主观能动性，而正是人的主观能动性赋予了员工更大的价值，所以从根本上来说，激发员工的主观能动性，让员工更加积极地参与到企业的发展中来，并帮助他们提高决策的意识与能力，这才是企业管理的重中之重，也是员工自我提升、自我完善的重点。那么，员工该如何维持并提升自己的决策能力呢？华为公司的一些做法或许值得借鉴。

首先，要改变遇事就上报的习惯，毕竟员工在承接工作任务之后，就成为这份工作最大的负责人，就有义务和责任去管理和控制好工作进程，有权力去适当做出决定。就像华为人所做的那样，只要不违背工作计划与工作原则，那么可以自主决定自己该怎么做。需要注意的是，那些有勇气做出决策的员工，才有机会成为上层的管理人员，才有机会进入公司的决策层。

其次，开会时要积极建言献策，尽量让自己参与到公司的决策中去，无论自己说得好与坏，都无关紧要，因为这是个人责任感与团队意识的重要表现，也是锻炼和提升个人决策能力的重要方法。在华为公司，每年都有一些为公司决策做出重要贡献的员工受到奖励。

最后，关键时刻要有决断的魄力。关键时刻或者紧急情况，通常最能体现一个员工的应变能力、决断能力以及勇气。遇事犹豫不决，或者想办法让别人来帮助自己做决定的员工往往难以负担起工作，而那些能够依靠自己的分析和判断立即做出决策的人，通常更具有担当和魄力，处理问题的能力也要加强一些。

从本质上来说，让员工参与公司的决策是一种“人本管理”，而如果单纯地从员工对自己工作进行负责与决策的方面看，则是员工自我管理的一部分，显示出员工对自己本职工作进行掌控与管理的期望，而员工也有权利和能力去管理自己的工作行为，并且这种管理通常决定了员工的工作能力与工作价值。

5. 及时做好自我反省

> 我也不在乎接班人是否忠诚，接班人都是从底层打出来的，打出来的英雄同时又能够进行自我否定、自我批判。
>
> ——任正非

在《华为的冬天》一文中，任正非开头就满怀忧虑地说了这样一句话：“公司所有员工是否考虑过，如果有一天，公司销售额下滑、利润下滑甚至破产，我们怎么办？我们公司的太平时间太长了，在和平时期升的官太多了，这也许就是我们的灾难。泰坦尼克号也是在一片欢呼声中出的海。而且我相信，这一天一定会到来。面对这样的未来，我们怎样处理，我们是不是思考过？我们好多员工盲目自豪，盲目乐观，如果想过这些的人太少，也许这一天就快来临了。居安思危，不是危言耸听。”

任正非建议所有华为人要有自我批判、自我反省的精神，能够及时找出自己工作中的缺点和不足，了解自己的盲区以及犯下的过错，及时加以改正。在华为公司，任何一个实习生在做协议宣讲的时候，通常都会遭到老员工以及同事们的强烈批判，大家会毫不犹豫地指出实习生的不足。在华为的“心声社区”里，无论是谁都可以畅所欲言，都可以提出中肯的批评。有一次，一个员工在社区上留言批评了公司内部的某位高管，结果这位高管竟然找到社区负责人，让他查一查批评者的工号。社区负责人觉得很为难，于是就将这件事告诉了任正非，任正非二话不说，立即将自己的工号报给社区负责人，让他拿这个去向那位高管交差。结果，那位高管发现是任正非的工号，立即没了动静。

如果说别人的批判能够起到“止血”的作用，那么自我批判与自我反省则是“防止出血”的关键。华为公司是一个非常注重研发的企业，而为了防止在研发中造成浪费，华为此前多次开展了“反幼稚”活动，目的是批判那些缺乏市场化、工程化意识，在开发过程中只注重实验室性能，而忽视技术、产品的市场价值以及推广问题的研发人员。每次开展这样的活动，总有一些研发人员会主动上台“领奖”——因为他们的工作失误产生的废品，以及由此造成的其他损失的凭证。尽管上台的员工会遭受嘲笑，可是没有人对此感到愤怒，他们会心甘情愿地将自己所犯的过错呈现在大家面前，以此来激励和监督自己的工作。

自我反省和自我批判显示出了一家企业的企业文化与管理文化的

成熟，也展示了员工们所具备的职业化特质。对员工而言，在提升个人工作能力、降低工作风险方面，都需要加强自我反省，要明白自己的工作有什么缺陷，为什么会出现这些问题，自己是不是还能做得更好，是不是有必要去做得更好。

整个工作流程，通常包括准备工作、执行工作以及最后的检查工作，而多数人都将关注度停留在准备阶段、执行阶段，认为只要做完工作就算完成了，却很少有人做好检查工作。“我将工作做完了”几乎成了员工们汇报工作的口头禅，结果工作做完了之后，漏洞百出。

事前控制、事中控制的确很重要，但是事后控制同样不可缺少，任何一个企业、任何一个员工，都应该做好事后的调查与管理工作，要及时查找工作中存在的问题与失误。查找问题并及时反省自己的工作方法原本就属于执行力的一部分，更属于企业管理的一部分。而在一个追求更高的合格率与更高效率的年代，任何人都能够做到更好，而且也应该要做得比自己想象的更好。而要做到这一切，就要懂得认真反省自己的工作，要懂得认真查找工作中的问题。在华为公司，很多人都总结出了自我反省的几个重要原则。

第一，记住自己曾经犯过的错。“股神”沃伦·巴菲特说：“在犯新的错误前回顾一下过去的错误倒是个好主意。”对员工来说，做完一份工作后，应该想一想自己过去犯了什么错误，如今是不是有可能重蹈覆辙。这种自省方法的最大好处在于执行者能够最大限度地接受过往的经验教训，而且就公司和老板而言，绝对不会容许自己的员工接二连三地犯同样一个错误，这绝对是公司里最大的禁忌。

华为人每一次犯错后，都会将自己的错误记录下来，在下一次工作的时候进行查看，以此来警醒自己，这几乎成为一个习惯。正因为如此，他们的工作才能够做到精益求精。

第二，留给自己一定的思考时间。任正非在一次高层会议上提问：“我的水平为什么比你们高？”大家回答说：“不知道。”任正非接着说：“因为我从每一件事情（成功或失败）中，都能比你们多体悟一点点东西，事情做多了，水平自然就提高了。”任正非的成功在于他懂得思考，能够在思考中反省和审视自己，有优点就继续强化和提高，有缺陷则想办法改正。

很多员工每天都要加班，每天都在忙碌，看起来非常勤奋和努力，却忘记了给自己留一点时间进行思考，没有想过自己这么做是不是正确，没有想过如何利用自己的优势，也没有想过有没有其他更好的办法，更没有想过是否还有机会进步。由于缺乏足够的思考时间，最终的办事效果并不好，而且获得进步的空间也很小。

正因为如此，在工作中，无论有多忙，都要抽出一点时间来思考，对工作方法、工作方向、工作项目等进行摸索，以此来创造更多的契机，使工作更加科学合理。

第三，失败后不要找借口。有人说“蹩脚的工人总是说工具不好”，很多员工在工作任务失败之后，喜欢替自己找借口来解围，甚至抱怨自己获得的支持不够多，抱怨工作难度太大，抱怨工作环境太差。失败是工作过程中不可避免的，如果为失败找借口，就是工作中最大的失误。毕竟在失败来临之后，最重要的是寻找失败的原因，并寻找解决问题的办法，防止重蹈覆辙。一味地寻找借口，只会养成推脱责任的坏习惯，而且对于问题的解决以及个人的进步毫无益处。

任正非多次强调，工作中出现失败是常见的，但是为失败找借口则是不负责任的表现，这样的人不符合华为的用人标准。华为公司制定严格的考核标准，只要没有完成工作任务，必定会影响考核的分数，任何借口都于事无补。因此，与其想办法找借口，还不如从中吸取教训，寻找更好的方法来解决问题。

自我反省是员工掌控工作的重要方式，也是管理本职工作流程的重要组成部分，及时反省和检查，能够有效避免走弯路，能够有效减少犯错的概率，还能够在不断的思考和摸索中找到更为高效的方法。所以，自我反省既是员工防错机制的一部分，也是创新机制的一部分。

6. 对自己的工作岗位负责

在本职工作上，我们一定要敢于负责任，使流程速度加快，对明哲保身的人一定要清除。

——任正非

很多公司会采取责任制的方式管理员工，这种责任制能够有效保障员工的工作，但在实施的过程中，多数员工并没有意识到要对自己负责，他们仍旧生活在完成工作任务然后每个月领走工资的状态中，在他们看来，自己唯一要负责的就是上司，按照上司的要求把工作做了就是工作的全部。很多员工认为工作是公司给的，工作任务也是公司的，做得好与坏与自己没有太大关系，所要面临的后果也与自己无关；有的员工认为上面有领导监管，自己的工作只要不出大的差错就行了。

但是，任何一个员工都要明白自己既是为公司工作，同时也是为自己工作，毕竟工作的好与坏往往与自己的业绩、工资、晋升有直接的联系，把工作做好了，对自己有百利而无一害。所以，华为人认为员工在接受公司监督和管理的同时，也要进行自我管理，以便能够认真负责地完成工作。这种认真负责主要体现在以下几个方面。

首先是执行力，对于任何一个员工而言，完成工作任务是最基本的责任，只要还在企业之中，还受到管理体系约束，那么员工就有义务认真完成每一个工作任务。

按时完成任务成为每个华为人的工作准则。据说很多华为员工在接受命令后会将完成任务的期限、工作要求以及工作目标写在纸上，然后努力去做，很少有员工会故意拖延，更不会无缘无故就放弃任务。

其次，员工应该懂得自律，不要做一些违背工作原则的事情，更不要违反公司的规定，违逆上级领导的命令。自律是员工做好本职工作的重要保障，也是员工能够积极融入企业团队的关键，一个不能管理和约束自己行为的员工，往往会被企业排斥在外。

《华为公司员工手册》是每一个进入华为的新人必须熟读和背诵的文件。手册明确规定了员工必须遵守的法则，比如员工要忠于职守、服从领导、爱护公物、保持卫生、按时上下班、不准吵架斗殴等。一旦有员工触犯了规定，就有可能受到扣除奖金与工资的惩罚，甚至会被开除。所以在华为，员工的自律性都很强，很少有人违反公司的规定。

再次，员工应该善于寻找最适合自己的岗位，如果觉得自己干不了这份工作，或者不适合、不喜欢这份工作，就不要硬着头皮顶上去，应该自发自愿地工作，不要总是被人逼着干，不要被人赶着走。另外，如果自身能力不行，不能胜任这份工作，也要懂得知难而退，不能因为高工资、高职位而罔顾实际，不适合的工作只会害了自己。建立清晰的自我认知，了解自己的职业兴趣，选择与个人能力更切合的工作方向。

华为公司在招聘新员工时，会给每个员工发放一张职位申请表，让员工自己选择工作岗位和部门，这样就给了员工很大的自主选择权，而一旦员工在工作之后感觉到不适应，那么公司就会对这些职位进行调整。这种做法可以让员工更好地做出选择，也对个人职业有更好的管理与规划。

最后，对工作岗位负责还包括处理与同事之间的关系，做好与上下级之间的沟通交流等。沟通交流是确保整个团队结成一个整体的重要保障，认真负责的人会从大局上看待自己的工作，会将自己的工作纳入整个管理体系和运作流程当中来对待，而不是孤立地当成独立的一部分。因此，员工们能够明确自己应该做什么，并且在短时间内让所有相关的人了解自己的工作进程及工作中可能存在的风险。

为了确保工作的顺利进行，华为公司早就构建了完善的沟通机制，任何时刻，各个部门以及部门内部上下级之间都可以实现顺畅的交流，一旦其中一个工作环节出错，就可能影响整个工作流程，导致后续环节的所有工作停滞。正因为如此，员工需要及时反馈自己的工作信息，并始终保持各部门之间的联系，防止出现“一步出错，步步出错”的情况。

以上几点只是责任感的集中体现，而真正对工作负责应该体现在工作的方方面面，也体现在员工的办事能力以及办事态度上，必须能够体现出一名员工最基本的素养，更能够展示出个人的管理能力。在多数企业中，员工仍旧处于被管理的状态，缺乏主观的管理意识，他们仍旧处于对人负责的工作状态中。这种被动的工作状态会导致员工丧失更多的主观能动性，并降低他们对工作的热情和专注度，时间一久，不仅公司的管理容易失控，员工对于自己的工作也会逐渐放松，并产生职业倦怠。

如何让员工更主动、更积极地参与到企业的整体运作当中来，是各个企业以及所有企业家都关心的问题。也是员工们需要面对的问题，而认真负责地做好自己的工作是员工融入企业的前提，也是获得成功的基本条件。华为公司多年来一直实行对事负责制，而对事负责实际上就是对工作负责，目的是要让员工管理好工作的各个方面，这是对个人管理水平与管理意识的考验，也是企业管理方式的一种进步。

所以，对员工来说，他们不仅要拥有出色的工作能力，还要拥有足够强的责任感与管理力度，要对自己的工作认真负责到底，其中包括打造一流的执行力、保持良好的工作状态、明确自己的定位和工作目标、强化与他人之间的沟通交流，并注重团队合作，而且要有一颗更加专注的心。这种负责的态度可以让员工变得更加优秀，并更快地走向职业化道路。

7. 改变工作中的习惯性动作

华为不干涉员工的自由，不过一些不良的习惯还是应该改一改，最好不要影响工作。

——任正非

在工作中，员工常常会有一些习惯性动作，这些动作都是下意识的反应，有些动作能够适当调节工作者的身心状态，但多数动作都是坏习惯，虽然没有违反公司的规定，也不存在纪律性的问题，但是往往会产生一些不良影响。比如，行为学家经过观察，发现个人在工作中高达90%的动作都是不礼貌或者让人感到不舒服的，比如摆弄头发、擤鼻涕、把手指伸进鼻孔或者耳孔、敲打桌子、用鞋底摩擦地面、跷二郎腿、斜躺在椅子上、习惯性地看手机、把资料文件翻得哗哗作响。此外，还有一些习惯性动作可能会造成工作时间的浪费，甚至会打扰自己的工作，像转笔、整理头发、抠指甲、用笔在桌子上画来画去等。

类似的小动作虽然看起来不起眼，但是往往会给自己和他人的工作带来很大的困扰。心理学家认为那些经常做习惯性小动作的员工，与同事之间出现矛盾的概率要比很少做小动作的普通员工更高，他们的工作效率则比其他人都要低一些。如果用摄像机记录那些员工的工作状态，就会发现同样的时间段里，好动的员工所完成的工作量要比其他人少很多。

也许很多人不以为然，但过多的小动作往往会严重影响工作状态。首先，过多的习惯性小动作本身就是一种时间上的浪费，虽然每一个小动作可能也就几秒钟到一分钟不等，但是一天下来，积累起来的时间也很可观。其次，有人觉得一些下意识的小动作会促进思维，这种说法并不完全正确，因为在多数情况下，小动作会分散个人的注意力，会让人变得不那么专注和投入。所以，过多的小动作不仅会打乱自己的工作节奏和工作思维，还会让工作断断续续，从而影响自己的工作状态。另外，小动作太多也会影响到别人，从而容易引发同事之间的矛盾冲突，最终会造成工作的中断，还会引起不良情绪，这样就更容易导致工作时不在状态。

正因为如此，很多公司都对员工的言行举止有着严格的要求，比如华为。华为公司向来重视员工的纪律性，也非常重视员工的个人形象，每个员工都要懂得约束自己的言行，一些坏习惯也要加以修正。在平时的工作中，员工们必须保持端正的坐姿和站姿，如果有人歪歪扭扭地靠在椅子上办公，或者在交谈时坐在办公桌上，一旦被领导发现，就会因为作风问题而被扣除部分奖金。员工在工作中出现一些不雅的行为，或者因为某些小动作而发出了噪声，同样会受到警告处分。

有些人觉得华为公司有些小题大做，毕竟谁都有习惯性动作，不过对于一个讲究办事效率的公司来说，任何不良的习惯性动作都会造成时间和资源的浪费。在华为的时间管理法则中，培训者明确要求员工要戒除一些不良的小动作，因为这些小动作会破坏工作的节奏和状态，影响员工的专注度以及执行效率。

而在戒除这些小动作时，培训者建议员工给自己安排一些紧凑的工作，因为研究人员发现，员工在相对空闲的工作环境中最容易出现小动作。换句话说，工作越轻松，工作量越小，员工做小动作的频率越高；而工作量越大，工作者越繁忙，员工就越是无心顾及那些小动作。因此想办法充实自己的工作，能够在潜移默化中改变这些习惯。

与此同时，员工也可以强化自己的时间观念，要时刻提醒自己还有很多任务没有完成，时刻提醒自己不要因为其他事情分心，尽量压制自己“好动”的习惯。而且最好是强制规定自己在某一时间点上必须要完成相应的任务，这样就会不自觉地加快速度并投入工作中。

如果这些方法不起作用，那么不妨采取一些惩罚措施。比如很多华为员工在工作中一旦发现自己无意识地做了小动作，就在笔记本上记录下来，然后增加部分工作量，如果做了两次小动作，那么就再次增加工作量。习惯性小动作的频率越高，那么增加的工作量就越高。通过强制的惩罚，员工们会自觉地改掉自己的老毛病。

华为的培训师认为减少不必要的习惯性小动作，并不是为了抹杀员工的个性，或者限制人身自由，而是一种自我约束、自我克制的方法。毕竟这些小动作关系着工作的态度、状态以及个人与公司的整体形象。这也是细节教育和培训，对于小动作的改正，恰恰显示出了华为人追求精致、把握细节的观念，这些小动作很容易被人忽视，却往往影响深远。

试想一下，如果一个公司里的员工斜坐着办公，跷着二郎腿，或者有事没事发出一点噪声，那么看起来就像是一支散漫、无组织、无纪律的队伍，公司也很难要求这些员工能够进行有效的自我管理，很难让他们专注地服务于自己的本职工作。

任正非认为管理要从大局开始，在细节结束。员工在进行自我管理的时候，不能只顾着提升自己的技术，只顾着检验自己的工作方法。研究自己的工作计划，想要把工作做得更好，想要让自己的效率更高，想要进一步提升自己的个人魅力，就必须懂得关注自身的一些细节问题，只有把这些问题都解决好，只有约束了自己的一些小缺点，才能够确保自己不断得到完善和提升。

第四章

科学合理的华为工作原则

成功的事业依靠的是更为合理、更为科学的工作原则、方法，这些好的原则、方法就是工作的“捷径”。华为人的工作效率之所以很高，并不是因为他们拥有高学历，也不是因为他们的能力更加出众，而是因为他们拥有很多科学合理的工作原则。这些工作原则把握了工作的规律、明确了工作的重心、拓展了工作的思路，这就确保了华为人在面对繁忙的工作时，总是能够合理、有序、高效地完成任务。

1. 先解决容易解决的问题

新员工在工作中有干劲，总想着做大事，这可以理解，不过任何事情还是从简单、容易的开始为好。

——任正非

很多员工在工作中常常有这样的经历，当自己解决一个简单的问题时，面对后面的问题时往往会更加从容不迫、得心应手，即便遇到了一些挫折和困难，也会显得信心十足，而且成功的机会也比较大。如果一开始就遇到那些比较棘手的问题，往往会越做越没信心，越做越没耐性，最终所有的工作都会陷入僵局。

从心理学的角度来分析，就是心理的适应度问题。面对那些容易解决的问题时，人们会迅速建立起强大的心理优势，这种优势会带来足够强大的信心与动力，即便接下来困难越来越大，这些信心与动力也会有助于人们一鼓作气地解决所有问题。如果一开始就遭遇难题，那么在精力和耐心的消耗中，人们会逐渐产生一种恐惧感，从而本能地对后面的工作感到束手无策。

正因为心理作用在作祟，我们在面对工作的时候，需要掌握一定的技巧，那就是先想办法解决那些容易解决的问题。也就是说，在重要性、紧急性同等的情况下，员工应该坚持由易到难的顺序来安排自己的工作，这样做不仅考虑到了心理因素的影响，而且从现实的角度来说，难度越大的工作，困难越大，耗费的时间和资源也越多。如果一开始就直接面对困难，就会浪费大量的时间和资源，这样对后面的工作会产生很大的影响，比如，导致资源分配的不平衡，导致工作时间严重短缺。而先做那些容易实现的事情，执行者能够对时间和资源有更为明确的判断和规划。此外，先做简单的事也迎合了循序渐进的原则，随着难度的不断增加和工作的逐步推进，员工的经验也会不断得到积累。

华为公司为了让员工掌握更为科学合理的方法，在员工培训阶段就强制员工先从难度较小的工作开始，然后逐步深入，逐步增大工作难度。在培训中，公司会先安排一些难度较小的任务，以此来观察员工的能力，同时也为了帮助员工慢慢适应华为的工作进度。随着新员工的适应能力不断提升，公司会逐渐增大任务的难度。通过培训，公司有意强化员工们按照正确的顺序完成工作任务的意识。

华为的培训师常常会用这样一个案例来教育新员工：纽约第五大道有一家复印机公司的老板，想要寻找一位有能力的推销员，于是面试了三位应聘者，并且愿意给他们一些机会来证明自己。他给这三个人安排了任务，让他们去推销公司的复印机。

第一位员工认为公司想要卖出更多复印机，那么一定要尽可能地扩展客户源，于是他首先想到了农夫，他觉得如果自己可以将复印机推销给农夫，那么就可以开拓更大的市场。于是他开始行动，并且苦口婆心地说了一整天，才说服农夫购买了一台复印机。

第二位员工也抱有同样的想法，于是他找了一位渔民，然后花了7个小时将复印机推销给了渔民。

第三位员工没有像前两个人那样做，而是选择了电器经销商，然后卖出去了600台复印机。

最后，老板毫无疑问地录用了第三位员工。前两位员工觉得自己做到了常人难以做到的事情，按道理应该被录用，可是老板却说："花费更多的时间去做一些难以完成的事情，这并不是能力的体现，先用更短的时间去完成最容易的事情才是真正的能力。"

正因为如此，接受培训的员工能够准确掌握类似的工作方法。很多有经验的华为员工，在工作之前，会对工作进行大致的了解和分析，寻找一个合适的切入点，然后制订一份相对完整的工作计划。他们会先解决那些相对容易的工作，然后再想办法去解决那些难一些的工作，这种工作原则和工作习惯成为华为人高效率的保障。

"先摘那些够得着或者容易够着的果子吃"，这是工作中的一个重要法则，也是一个重要的窍门，需要员工们去领悟和掌握。先完成简单的工作，这样就能够更加专注地做好后面的繁难的工作，这有助于工作的逐步推进，如果第一件事情就受到阻碍，那么很可能所有的工作都会不顺利。

所以，员工在面对工作的时候，不要急于动手，而应该有明确的规划，比如，进行排序和分类，将那些容易解决的事情放在前面，而那些困难的工作可以放到后面来解决。或者干脆将工作表格化，将困难的工作与容易的工作进行区分，然后在执行任务时进行统筹安排。

先做容易做的事，并非是一种逃避，毕竟工作的目的是为了解决所有问题，无论先后，这些问题都要逐一解决，不能有任何遗漏。不过先易后难、由简入繁的做法，更加符合事物发展的规律，也符合工作进程，毕竟随着工作的不断深入，难度通常会越来越大，因此按照特定的规律去慢慢推进工作项目，完全符合工作的需求。而且这样做能够有效地支配和利用各种资源，确保资源的合理分配，还能够让工作更加顺畅。

此外，先从容易的工作开始，与工作能力的大小无关，而是关乎一种策略，因为这样做更能够兼顾工作过程中的稳定性与发展性这两个基本要求，先从简单容易的开始做，最终的目的就是为了追求稳定，保证工作能够继续下去。

任正非认为华为的工作就是坚持“从小目标到大目标，从小任务到大任务，从生存到发展”的理念，然后一步步寻求壮大和发展。而对于任何一个员工来说，都应该坚持这样的工作理念，大到人生计划，小到工作安排，都需要采取这样的策略行事，因为这样才能更加有效地减少阻碍。

2. 先做那些重要的事

一个领袖干什么？一个领袖其实就是要抓住主要矛盾、抓住矛盾的主要方面。

——任正非

很多员工总是抱怨自己的工作忙不完，总是觉得没时间，事实上有些工作根本不用去做，或者暂时没有必要去做，毕竟在大小工作一把抓的情况下，往往会让人觉得分身乏术。传统的时间管理思维只注重对时间的利用，因此很容易让人陷入与时间赛跑的恶性循环之中，员工往往会成为一直想着在最短时间内做最多事的急迫性偏执狂。

从工作性质来划分，任何事情都有轻重缓急之分，重要的事情关系重大，影响也更大，因此应该先解决这类事情，然后再去解决那些次要的工作。如果把时间看成一个罐子，那么那些重要的事就可以看成大石头，如果想要顺利填满整个罐子，首先应该先放入大石头，然后按照顺序依次填入小石头、沙粒和水。管理学家史蒂芬·科维提出了著名的"四象限"法则，他将工作按照重要和紧急两个维度进行了仔细划分，分为"既紧急又重要""重要但不紧急""紧急但不重要""既不紧急也不重要"四个象限。在"四象限"法则中，重要的工作被排在了首位，而不那么重要的事情应当往后靠。

管理大师毛皮得·德鲁克也认为工作时应该把握一个基本原则，那就是坚持把重要的事情放在最前面，而其余的事情一件一件地去做就行了。这个原则更加注重工作思路与程序，而不是工作量的多少、工作项目的多少，工作者要尽量抓重点、抓要点，做到忙中有序，做到主次分明，这样就能够把所有工作尽量都做到位，才能够确保整个工作体系的完善。

在华为公司，工作任务的繁重程度早就名声在外，很多新入职的员工常常感到不适应。不仅如此，公司实行易岗、易职、易地的管理政策，员工通常都需要在不同的岗位上进行轮换，这种轮换往往要求员工在短时间内处理大量的工作。如何顺利完成这些工作，成了对员工的最大考验。

为了解决这类问题，华为公司平时就非常注重对员工进行培训，每一个员工都必须掌握科学做事的方法，掌握科学的统筹安排方法，凡事坚持规范化、秩序化。公司会让每一个员工尽量按照“四象限”法则行事，员工会将所有事情记录在备忘录或者平板电脑上，而且最重要的事情必须记在最前面，那些次要的工作或者一些无关紧要的工作依次往后排。员工在工作的时候，应按照记载在册的顺序来执行各项工作任务。

对于华为人而言，“重视重要的工作”，“先做好那些重要的工作”，是进行工作管理的重要步骤与环节，更是合理的任务分配与安排。不过对于多数人来说，真正的困扰在于，那些重要的事情是什么？怎样才能做好那些重要的事情？华为公司对此制定了以下几个步骤。

首先，要衡量工作的价值。在选择工作事项的时候，员工要明确这是不是自己面对的最重要的事情，对自己产生的影响是不是最大，或者自己对这件事的需求和期待是不是最大，这件事能够创造的价值和带来的影响是不是最大。

华为人在衡量工作价值的时候主要侧重对工作成果数量的预期以及个人成就感的评估来实施，如销售部会利用计算可能带来的销售额进行预测，而生产部则通过预期生产数量来进行评估，预期的成果数量越多，就证明这项工作的价值越大，因此也就越重要。

而在评估个人成就感的时候，华为人最常用的方法就是与同事进行横向比对，看看谁的任务更重、谁的任务难度更大。同时也和自己以往的工作进行比对，看看难度是不是更大，一般来说，难度越大，工作也越重要。此外，员工还会用达成目标带来的影响来评估工作的价值与重要性，比如职位的提高、权力的增加以及影响力的增长。

在按照预期成果与个人成就感的评估确定好工作价值之后，工作人员就可以给所有工作贴好标签，然后先从中找出最重要的事情来做，其余的事情可以暂时靠后。

其次，要花大量时间专注于重要的事。对于重要的工作，不仅要率先去做，而且做的时候要集中力量专注于此，要投入更多的精力和时间。依据20/80法则，那些20%最重要的事情，所具备的价值在所有工作价值中往往高达80%，因此工作者需要花费80%的时间和资源来做好这些重要的工作，然后将其余20%的时间和资源分配给其他工作。而对于那些次要的、琐碎的事情，即便花费了80%的时间与精力，所能产生的价值与成效也不过只有20%。

比如在2006年，华为公司在刚果的客户突然改变了工程计划，要求华为将核心网设备建设原本所需的30天工期压缩到4天。这样的要求简直不可能完成，不过如果不照办的话，华为公司很可能会失去刚果的市场，而且对非洲市场的拓展计划产生不良影响。经过分析和研究后，项目负责人立即做出决定，要求所有工程师和技术人员放下手中的工作，专心负责核心网设备的建设。通过合理的安排和艰苦的奋斗，华为公司最终提前6个小时完成了任务。

华为人对于这一方法的应用已经得心应手，不过华为人也提醒执行者：先做重要的事情，并不意味着所有工作的结束，一些次要的事情仍然需要想办法完成。因此，在重点解决那些重要的事情时，工作者虽然要对最重要的事做出详细说明，安排较多的时间，并分配较多的资源，但也一定要懂得留出20%的时间与资源来做好其他工作，以此来达到一个相对完美的平衡。

3. 集中处理那些琐碎的事情

有些事情不是不能做，而是要懂得怎么做，以什么方式去做。

——任正非

在工作中，员工通常懂得要先将一些重要的、主要的大事做完，不过在工作过程中，员工常常会被一些琐碎的事情所干扰。比如，工作忙碌的时候，发现桌上的文件比较凌乱，甚至一些重要的资料也胡乱摆放，发现桌子没有擦洗，发现自己还有一些私人信息和邮件没有回复。结果一动手去做，就会觉得自己几乎一整天都围着这些无关痛痒的小事乱转，而这些小事情并没有那么重要，也不会有什么大的作用，但是如果不去解决，也常常会对个人的工作、生活以及个人形象造成一定的影响。

如何处理琐事通常是让员工感到头痛的事情，尤其是一些新入职的员工，他们往往不知道该如何进行把握和安排，结果每天都在为一些琐碎的小事忙得焦头烂额，然后从老板那里得到的评价却是“工作毫无意义”。就连员工自己也会对工作失去信心和耐心，导致整体的工作绩效也不尽如人意。琐事不可避免，但是做多了又会让人生厌，那么员工究竟该如何解决这种看起来相互矛盾的问题呢？

但真实的情况是不是真的如此让人纠结呢？如果对这种情况进行认真分析，就会发现之所以出现这些情况，很大一部分原因就在于员工们缺乏合理的规划，尤其是缺乏对琐碎之事的合理安排。这里需要强调的一个词是“安排”，而不是忽略，也就是说，当工作者在重视大事以及重要的事情时，并不意味着可以完全无视那些琐碎的事情，而应该想办法安排好合适的时间将其解决。

华为人认为做好重要的工作是头等大事，但是琐碎的小事同样不能随意忽视，因为琐碎的事情也能起到一定的作用，只不过考虑到工作中的现实需要以及这些事情微弱的影响力，在解决时还是应该把握一些基本原则，也要掌握正确的方法和时机。

其中，最重要的一个原则就是要进行集中处理，因为琐碎之事具有分散性，各种各样的琐事往往无处不在，它们毫无规律地分布在各个时间段，也可能分散在工作的各个环节中，而且它们从工作性质和属性上来说往往不是同一类工作。如果工作时按照顺序去解决，那么每一件琐事都会耗费大量的时间。不仅如此，由于原有的工作被间接性地打断，会导致工作时间的浪费，而最重要的是原有的工作效率会受到影响，工作者想要恢复原有的工作状态，可能要耗费更多的时间。

换句话说，如果解决每一件琐碎的事情所需时间全部加起来是一个小时，那么原定的工作目标的实现可能会延迟两个小时甚至更久，而且工作效果会更差。在华为内部，管理者一直要求员工要保持工作的延续性，不要轻易被一些小事所干扰或者中断，一定要坚决完成重要的工作任务，而那些琐事可以往后推，等积累到一定程度后，专门找出一点时间对这些琐事进行归类和整理，然后一并解决。因为在华为人看来，如果能够将这些琐事集中起来处理，那么不仅不会影响主要工作的进程，还会因为集中处理而降低时间的消耗，将解决琐事所需时间控制在45分钟，甚至是半个小时以内。

集中处理需要做好时间安排，员工必须弄清楚自己是在日常工作前完成这些琐事，还是在工作过程中专门抽出时间来集中处理这些琐事，或者是在日常工作完成之后重点解决类似的问题。不同的时间安排往往会产生不同的效果，而且也会给其他工作造成不同的影响。

从工作角度以及实际情况来看，最佳的时间段应该是下班前后，毕竟在这段时间内，员工的主要工作已经完成，因此有了盈余时间。此外，琐事无处不在，如果选择在早上上班前或者工作过程中处理琐事的话，到了下午或者晚上，新的琐事又会出现，这样反而要进行二次处理，而在下班前后集中解决琐事就能够避免这些情况。

华为人非常善于利用好下班前的10分钟，通常会规定利用下班之前的10分钟来解决所有的琐事，因为在下班之前，他们通常已经做完了一天的主要工作，此时最适合花时间来重点处理琐碎的事情，比如将桌子收拾干净，打扫办公室的卫生，删除一些不必要的文件，接听一些无关紧要的电话，处理一些不重要的小纠纷。

除了要做好解决琐碎工作的时间安排，华为人还非常善于整理琐事。比如，有些人到下班后有了足够的时间来解决琐事，却常常发现自己已经忘记要做些什么，或者常常会在处理的过程中落下一些事情，这样一来，问题可能会继续存在，甚至影响第二天的工作。

在这方面，华为人养成了一个非常重要的习惯，那就是及时做笔记。及时记录是工作中的重要习惯，也是一种非常好的工作方法，因为记录可以确保相关事项的客观性和准确性，同时也能够保证不会出现遗漏。华为人坚信“好记性不如烂笔头”，在日常工作中，他们会将所有事情进行安排并记录下来，重要的事情排在前面，琐碎的事会排在最后面，而对于那些在工作中突然遇到的小事也会及时记录在本子上。等到所有重要的工作完成之后，本子上剩下来的小事就一目了然了。

对于员工而言，在做好时间安排以及记录之后，就可以进行集中处理了，不过并不是所有的琐事都要亲力亲为，比如对于那些计划之外的琐碎任务，或者是一些无关痛痒的小事情，可以想办法拒绝或者尽量推后，要么干脆委托给其他人去做。尤其是对管理者而言，更是如此，像清洁卫生、端茶递水、输入文档、发放通知、撰写文稿等事情完全可以交给其他人去做，没有必要花费时间自己动手，这样可以保证工作分配和时间分配的合理性。

4. 按流程进行工作很重要

只有管理职业化、流程化，才能真正提高一个大公司的运转效率，降低管理内耗。

——任正非

1998年，由于员工激励措施和体制变革的刺激，华为获得了高速发展，公司的经营额直线上升，并且很快攀升到惊人的90亿元。出色的业绩让整个华为一片沸腾，但任正非却无论如何也高兴不起来，因为他敏感地意识到高速发展过程中所暴露出来的各种管理问题，最明显的就是员工的执行力不断下降，工作效率越来越低。

比如，在研发部门，由于缺乏严格可控的制度，员工容易陷入盲目开发的情况，工作也没有章法，而公司对于开发部门的约束力实在太小。很多部门和团队经常出现争抢同一个项目的现象，造成员工工作的重复，这样不仅造成了资源的浪费，而且还造成了交货时间、库存周转率偏低。当时，华为的研发费用浪费比例和产品开发周期是业界最佳水平的两倍以上，而华为销售额虽然连年增长，但产品的毛利率却逐年下降，人均效益只有思科、IBM等企业的1/6～1/3。

当时，任正非邀请IBM的管理咨询顾问到公司参观，对方毫不留情地说："华为没有时间一次性将事情做好，却总有时间将事情一做再做。"这样的话让任正非感到更加担忧，也更加坚定了他要在公司内部引入流程化管理的决心。

工作流程是指企业内部发生的某项业务从起始到完成，由多个部门、多个岗位经多个环节协调共同完成的完整过程。简单来说，工作流程就是一组由输入转化为输出的过程。工作流程包括实际工作过程中的工作环节、步骤和程序，是整个组织系统中各项工作之间的逻辑关系与动态关系。比如，在一个建设工程项目实施过程中，工作流程就包括管理工作、信息处理、设计工作、物资采购以及施工。

每一件工作都是流程的一部分，是流程中的一个节点，企业的流程应该进行有效的管理和控制，促使各个部门和各个员工的分工更加明确，并让每个小的单位都服务于组织的整体目标，确保全过程的协调和目标的统一，而每一个流程的节点必须满足整个流程的时间要求，从而保证对整体目标负责。流程管理，实际上就是要把企业打造成一台自动运行的机器，而每一位员工都成为这台机器上的一个标准配件，因此员工们的工作必须严格按照流程来逐步推进。

管理学家认为，流程就是执行力的工具，只有严格按照流程办事，执行力才能得到强化和保障。在实施工作中，很多企业都会遭遇这样或那样的问题，比如，某个环节的工作突然没有人愿意去做，工作做错了却不知道追究谁的责任，不知道与别人如何进行配合，或者不同部门之间经常出现工作重复的现象。这些就是典型的缺乏流程或者流程管理不到位的情况，如果做好流程管理，每个员工都能够按照流程工作，那么每一个环节都能够得到有效落实，每一份工作都会顺利完成。

此外，流程决定工作的效率，也直接影响工作的效益。科学合理的工作流程能够使企业各项业务管理工作良性开展，所有工作都会变得合理有序，整个团队的合作也会越来越密切，联系也会越来越紧密，工作也会变得更加顺利和流畅，从而有效保证企业的高效运转。而不合理或者不正确的工作流程则会导致问题频出，引起部门间、员工间职责不清、相互推诿或者重复工作等现象，以致造成资源的浪费和效率的低下。

流程管理的重要性决定了它的地位与价值，不过对于每一个员工来说，如何按照流程来工作还需要进行培训。

华为公司从IBM公司引入科学的流程管理体系之后，开始努力推进流程化管理，要求每一个华为人都要认真按照流程进行工作。比如，任何工作都必须制定详细的流程，而且流程中每个步骤都要明确：谁在做，用什么工具和方法来做，主要做什么，做出来输出给谁。不仅如此，还要明确每个步骤的考核标准，定期开展严格的考核，考核的结果直接与部门、人员的绩效挂钩。正因为如此，每一个人都会在流程中找准自己的定位，然后坚守自己的岗位，按照规定的步骤一步步完成工作。事实上，华为公司的每一个员工手里都会有一张工作流程图，因此每个人都能够了解自己应该做什么以及怎么做，也知道自己所做的一切会对别人的工作产生什么样的影响。

从华为的经验来看，工作前必须制定详细的流程，而且每一个人都应该拥有流程图，或者说至少每一个工作小团队都必须拥有工作流程图，这样更加方便员工进行自我定位，也能对工作的整体有更加直观的了解，从而能对工作进行更为明确的把握。

流程化的工作必须用制度来保障，而且要积极引入考核机制，这样才能形成制度化、规范化、职业化的工作体系。一旦缺乏制度的约束，缺乏合理的考核机制，员工的工作就会变得散漫无序，甚至可能刻意违背流程规定的步骤办事。

华为公司曾经将流程化的工作比喻成盲人摸象，有人摸到鼻子，有人摸到眼睛，有人摸到庞大的身躯，有人摸到粗壮的大腿，有人摸到的则是象牙，所有盲人将自己的工作整合起来，就能够有效完成摸象工作。为了确保摸象工作的准确性，每一个盲人实际上都必须按照特定的要求来完成自己的本职工作，既要受到制度的约束，又要注意与他人的配合，这样才能形成完整的流程工作体系。

5. 把工作变得简单一些

我们要简化不必要确认的东西，要减少在管理中不必要、不重要的环节，否则公司怎么能高效运转呢？

——任正非

在管理学上有一个著名的“崔西定律”：任何工作的困难程度与其执行步骤的数目平方成正比。比如，完成一件工作有3个步骤，那么这项工作的困难程度为9；如果将这项工作的步骤增加到5个时，工作的困难程度就会相应地增加到25。从3到5只不过是增加了2个步骤，而难度则要增加16。

“崔西定律”的存在揭示了一个最简单的道理：工作流程的步骤越少，难度就越低。因此，在企业中，工作应该进一步得到精简，员工要懂得将所有复杂的程序尽量简单化，做到能省就省、能少就少。

不过很多管理者和执行者仍旧抱有旧时的工作理念和管理方法，认为工作程序越多、越复杂，就证明了工作难度越大，工作价值越高。事实上这样的说法并不科学，从工作效率的角度出发，能够耗费更短的时间、更少的资源来完成工作，这正是改进工作的成果，也是企业获得盈利的前提。复杂的流程以及烦琐的工作环节无疑会造成更大的浪费，因为员工在执行任务时，不得不花费更多的时间，不得不耗费更多的资源。而且工作流程越长、工作环节越多，耗费量也就越大，管理的难度也越大。

华为公司是坚定的“崔西定律”的执行者，无论是部门还是个人，都必须进一步减少自己的工作量，简化自己的工作步骤。员工必须认真分析自己工作流程的网络图，然后想办法进行优化和简化，压缩一些烦琐的程序，去除一些不必要的流程，尽可能地去掉每一个多余的环节。比如在2009年，任正非提出了“让一线做决策”的口号，目的就是为了减少上传下达时过于烦冗的流程，从而保持决策的时效性，并提升公司的反应能力。此后，他多次强调要去除流程中的冗余环节，让工作流程的各个环节得到精简，并认为这是优化工作程序、提高工作效率的第一步。

在任正非的号召和带动下，很多华为的老员工，每年都会想办法减少自己的工作环节，有些员工甚至做到了极致，在短短的一两年时间里去除了70多个多余的工作环节。不仅在工作中节省了数千个小时，而且节省了大量的资源，提高了工作效率。这种简化方式与简化的意识为华为人争取到了更多的工作机会，也创造了更大的价值和利润。

不仅仅是华为公司，“精兵简政”工程以及工作流程中的简化行动一直是很多企业重视的话题，也被认为是企业改革的关键。如何利用更少的时间和资源来创造尽可能多的价值，如何利用更少的工作环节来实现工作目标，是每个管理者都要重点考虑与精心设计的环节。

简化流程不仅能够有效解放更多的劳动力，节省更多的资源，还能够有效降低管理的难度与风险，降低工作流程中的错误率。在流程中，任何一个环节都有可能出错，而且任何一个环节出错都会造成整个工作的失败，环节越多、越复杂，那么犯错的机会就会成倍地增加，管理的难度也会成倍地增大。

不过任正非认为简化工作并不是简单地削减和去除工作量，也不是毫无理由地进行时间压缩，毕竟流程往往决定了工作的合理性及方向，其中的一些关键步骤必不可少。比如在工作中，包括准备工作、执行任务、检查任务等阶段，如果员工草率地去除准备工作或者检查工作环节，那么很可能会对工作的结果造成不良影响。或者说员工在执行任务阶段时，随意地将工作任务进行减半处理，同样会影响目标的实现。有的员工认为简化工作就是简化时间，因此平时需要花费10个小时的工作任务会被刻意压缩成5个小时来完成。这种简单的压缩实际上会造成工作效率的下降，造成工作质量的低下。

有人将简化工作比喻成一个系统化工程，就是因为简化行动是全方位的，而不是针对某一个部分，也不是针对某一个环节，它需要对工作的方方面面都进行分析和研究。简化工作涉及流程的优化与压缩，需要遵从特定的规律，需要确保工作流程不会被打断，更需要确保工作方法的合理性，因此一定要尽量按照步骤来完成简化工作，而绝对不是做简单粗暴的减法。

首先选定准备进行研究的工作项目，接着以直接观察法分析研究工作项目的全部情况，掌握最全面的信息，并在生产程序图上用各种符号做好详细而精确的记录；通过观察与记录，认真分析生产程序图所表现的事实程序；从各个工作环节的具体情况出发，对其进行取消、合并、重排或简化，从而找出一种理论上最优的工作方法；找出最优的工作方法后，立即衡量所选定方法中的工作量，并计算出实施这种方法完成工作时所需的标准时间，同时也可以顺便把改进的方法付诸实施；最后，在标准方法和容许的时间得到确定后，按照具体的要求，确定新的工作方法和工作程序。

这个方法的重点在于环节的取消、合并、重排或简化，问题环节可以改变或修正，复杂的环节可以简化，上下环节或相似度高的环节可以合并，一些不完善的环节可以整合，不合理的环节则需要重新排序。

这是简化工作需要把握的基本原则和步骤，不过，将工作简单化不仅仅是缩短流程，还包括削减工作时间，比如做足一些准备工作，放弃一些无关紧要的工作。一些杂乱无章的工作通常会显得毫无章法，而且做起来会非常拖沓，让员工觉得无所适从，但是如果能够进行合理的规划，那么就能够有效减少不必要的资源浪费，也能避免犯更多的错误。

很多人过度追求完美，这样也会让工作变得复杂。从工作的本质来说，既要注重效果和质量，同时也要兼顾成本，完美主义者只会增加不必要的工作负担。所以，华为一直竭力避免完美主义，华为人能够容忍暂时的一些小缺点和不足，对他们而言，只要实用就行。

还有一些人过于重视人际关系在工作中的作用，结果人际关系的复杂化反而阻碍了工作的进行。正因为如此，任正非除了在工作中见一些客户之外，平时很少与别人打交道，也没有什么复杂的社会关系，在他看来，过多的人际交往反而会影响工作的进度。

从工作的角度来说，尽量让工作简单化，尽量提升工作的可操作性，对于个人的效率以及企业的效益都有很大的帮助，因此工作者一定要掌握让工作变得更加简单的方法和原则，而这也是一个优秀员工的重要标志。

6. 用正确的方法去做对的事

> 我并不怕来自外部的压力，而是怕来自内部的压力。我不让做，会不会使公司就走向错误，崩溃了？做了，是否会损失我争夺战略高地的资源？
>
> ——任正非

很多人只注重做对的事，但是仅仅做对的事情，而没有科学合理的方法，也不一定将事情做对，不一定达到期望的目标和效果。因此，在做对的事时，应该加上一个前提条件：用正确的方法做事。反过来说，如果只注重用正确的方法做事，而不注重事情的性质，那么一旦用正确的方法做错事，同样会越做越错。

如果说做对的事，体现的是工作的方向与目标的把握，那么用正确的方法做事体现的则是对工作方法的肯定与把握，两者不可分割，缺一不可，只有完美地结合起来，才能达到目标、方法、结果的完美统一。简而言之，就是弄清楚工作应该干什么、怎么干以及效果如何，而在具体的工作中则应该进行分解。

首先，要弄清楚什么是正确的事情。从工作的角度来说，想要评价自己所做的事是不是正确的，最主要的还是要看这件事是否符合正确的目标和方向、是否符合工作职责定位。对于执行者来说，正确的事情就是符合工作计划与工作目标的工作，就是与职责、与接收到的命令相符合的工作。比如，任正非就做出批示，只要生产出公司所需要的产品，能够达到公司规划好的战略目标，那么就证明员工的工作是有意义的。

有些员工可能搞不清楚自己所做的事情是不是正确的，此时不妨记住麦肯锡资深咨询顾问奥姆威尔·格林绍的一句话："我们不一定知道正确的道路是什么，但却不要在错误的道路上走得太远。"这条箴言对所有人都具有重要意义，在格林绍看来，如果一个人无法在短时间内了解正确的事是什么或者在哪里，那么首先要做的就是立即停下手头的工作。

其次，要明白什么才是正确的方法。有人说如果你在游戏中感到痛苦，那么一定是玩法出现了错误，在工作中往往也是如此，一旦工作出现了问题，往往是方法有误。因此，掌握正确的工作方法，或者用正确的方法做事，对任何一份工作来说都至关重要。

所谓正确的方法，必须是符合现实且经得起实践考验的方法，工作无论多么复杂，方法无论有多少种，总是有客观规律可循，总有一种或者几种方法是最符合客观规律且能达到最佳效果的，而且往往要通过学习、调研以及实践来寻找和确认。另外，正确的方向必须符合法律法规，必须不违背公司的规章制度以及社会道德。正确的方法往往因人而异，比如在华为公司内部，只要是经过实践证明了的工作方法都可以算作正确的方法。

做正确的事，体现的是管理的效用目标，虽然表现了一种主观的意志，但能否把事情做对直接关系着能否实现工作目标，因此它是工作的前提。用正确的方法做事，体现的则是管理的效率目标，因为方法不同，工作效率也会不同，它是可以进行客观衡量的。在《有效的主管》这本管理学著作中，简明扼要地做出了解释，其作者认为效能就是做正确的事，而效率就是以正确的方式做事。

所以，“正确地做事”强调的是效率，其结果是让执行者更快地迈向目标；“做正确的事”强调的则是效能，其结果是确保执行者的工作能够坚实地朝着自己的目标迈进。从另一个方面来说，效率重视的是做一件工作的最好方法，这种方法应该产生最大的功效；效能则重视时间的最佳利用，其中就包括做或是不做某一项工作。

对于员工来说，明白了什么是做正确的事，以及用正确的方法做事，就要将两者结合起来，简单来说就是有效率地达成工作目标。在华为公司，每个员工都被要求做正确的事，而这些正确的事首先指的就是本职工作，毕竟华为讲究团队合作，讲究部门之间的沟通协作，每一个华为人都必须明确自己的职责以及职责范围，必须确保工作目标与公司发展目标相一致，而这样的工作就是正确的事。

那么，该如何使用正确的方法来做好目标明确的本职工作呢？华为公司要求每一个员工按照经过实践证明了的方法行事，而且要注意特定的程序，比如先在图纸上设定工作的优先级别，规划和分解每一个工作步骤，从而确保合理有序地开展所有的工作。接着员工要对时间进行合理规划，合理分配好工作时间，减少不必要的流程浪费，最后专注地执行任务。这样，才能有效保障工作目标的实现，并能够得到非常好的工作结果。

用正确的方法做正确的事，实际上体现出了华为人精益求精、追求工作效率的原则。对于任何一个华为员工来说，首先要明确自己应该做什么，应该把握怎样的工作方向和工作目标，然后要明确自己采取什么样的方法做好这些工作，实现既定的工作目标。把握方向与目标是前提，而正确的方法则是完成工作目标的重要保障。只有将两者紧密结合起来，才能有效地完成工作任务，并达到自己满意的结果。

7. 逆向思维总是不可或缺

> 我们要推行以正向考核为主，但要抓住关键事件逆向考事，“事”是“事情”的“事”。对每一件错误都要逆向去查，找出根本原因，加以改进。
>
> ——任正非《华为的冬天》

在20世纪90年代，华为刚刚以新手的姿态跻身于电信设备制造商的行列，不过当时仍然是爱立信、摩托罗拉、思科、北电等国外老牌通信巨头把控市场。华为公司想要生存并实现突围，显然难度很大。那时候，华为内部有很多人建议华为公司应该走低价格、低成本的竞争道路。可是任正非却认为华为与通信巨头的差距主要在于管理，所以应该尽快优化生产管理体系、质量控制体系以及物流管理体系。这种逆流而上、以硬碰硬的做法最终促使华为公司改头换面，成为世界级公司。

经过多年的发展，“敢于创新，敢于突破传统思维，甚至进行逆向思考”，已经成了华为公司的风格之一，而且往往体现在具体的工作和管理中。比如，如今几乎所有公司都在想办法优化流程，尽可能地设计出更加完美的流程；而华为公司则采用了逆向思维，通过找出流程中的缺陷来打造更为科学的流程。在华为公司，每条产品线上都会组建两支队伍——红军和蓝军。所谓的红军，其主要任务就是对某个流程进行规划，而蓝军存在的目的就是每当红军做出设计和规划，他们都会想尽办法来“捣乱”，“吹毛求疵”地找出红军设计流程中存在的各种缺陷。蓝军的“挑刺”实际上就是一种逆向思维下的优化方式，这种方法可以使流程规划者更简单明了地看到流程中需要改进的地方，而通过不断地完善，华为的流程会越来越科学合理，最终使得任务完成期限更易于掌握。

任何事物都有正反两个方面，通常情况下，人们只看重事物的正面，只从正面来看待事物，却往往忽略了它们的反面。其实想要认清事物，了解事物的运行规律，就应该从正反两个方面进行分析。而且很多时候，从正面无法解决的问题，可以从它的反面来进行分析，这样反而能够达到不错的效果。

在工作中，总会遇到一些难以解决的问题，很多时候甚至费尽心思也找不到突破口，其实原因并不在于能力、不在于水平，而往往在于方法和思维。其实，如果能够换一个角度、换一种思维来看待问题，或许就能够找到解决问题的方法。毕竟工作方法并不是一成不变的，想要获得更大的突破，有时候就需要有打破常规思维的勇气，要懂得反其道而行之。工作中常见的逆向思维主要有以下几个方面。

第一，程序上的逆向思考。在多数时候，多数人在执行任务的时候，都是按照顺序去做计划，然后逐步向目标移动。若采取逆向思考，执行者可以将目标作为起点，倒着往前推算，确定好每一步要做的事、要完成的任务，这样员工在工作的过程中就可以以这些任务为短期目标，逐一去实现。

第二，方法的逆向使用。在工作中，多数人会采用常规手段来解决问题，这些手段都是业内所尊崇的方法或者已经成了大家的习惯，可是换一种与常规做法完全不同或者截然相反的方式，往往会起到意想不到的效果。最常见的就是激励，在很多时候，人们都会认为激励是正面的鼓舞和奖励，但是反方向的挫折教育和批评、惩罚同样能够起到激励的作用。

比如，很多公司在招工时会尽量说出加入公司的好处，但华为老总任正非是个例外，他以一句“进了华为就是进了坟墓”来迎接所有的新员工，这听起来是自损，但实际上确是一种激将法，反向指出了华为公司存在的巨大挑战性。此外，任正非也很少赞美别人，有个财务总监的工作越做越出色，任正非见到他后直接说了一句话：“你最近进步很大，从很差进步到了比较差。”这样的赞美的确别具一格，甚至让人觉得是在讽刺，不过对于员工来说，却是一种有效的激励。

第三，换位思考。在思考问题时，很多人往往会与其他人发生冲突，尤其是在工作中，上下级之间常常因为意见相左而难以顺利沟通，以致员工总是抱怨自己不受重视，抱怨自己没有得到足够的尊重。当员工对上级产生不信任感时，或许应该想办法站在上级领导的位置上来考虑问题，这样也许就能够了解领导的意图。在华为有这样一句话：“不要总是在想自己为什么要做这些，而要想一想为什么公司让你做这些。”这就要求员工必须懂得换位思考。

第四，观念的逆向。每一件事情都能形成常规性的观念，但这些观念并非适合所有人、所有情况。比如，国际通信巨头的成功都是从城市实现崛起的，这几乎成了发展的一个共识；而华为公司由于条件不好，生存空间小，只能走“农村包围城市”的道路，这样的选择就是一种观念的逆向选择。对于那些身处困境的员工来说，改变自己的工作观念是不错的选择。

第五，因果的逆向。因果之间是可以相互转化的，常规的做法是从原因那里来找结果，但从结果中也恰恰可以找出原因，并转化成结果。比如，华为公司以客户为本，产品与服务的提升都是为了确保能够吸引更多的客户，不仅如此，华为还强化自己的服务制度和反馈机制，及时从客户那里了解市场的动态，以此来改进自己的产品。

除了以上这些形式之外，逆向思维还包括条件的逆向、属性的逆向、功能的逆向等。员工应该培养自己的逆向意识，要善于从事物的反面来考虑问题，也许这样就能够更加全面、更加客观地看待问题，也能够寻找到更多的好方法来解决困难。

8. 把握工作的韵律

一个领导人重要的素质是方向、节奏。

——任正非

很多人都有这样的经历，每当有人打电话或者和自己聊天儿时，自己原有的工作节奏会被打乱，工作状态也会消失。接下来无论再怎么调整，也难以做到之前那样的专注与投入，工作质量也会下降。有些人被打扰之后，会显得无所适从，根本不知道该如何继续自己的工作。其实以上这些表现，从本质上说就是工作的节奏感和韵律感不强。

在工作中，最常见的骚扰就是电话，上级的电话、客户的电话、朋友或者家人的电话，以及一些陌生电话，通常会干扰员工的状态。而这些电话虽然恼人，但却是工作的需求，毕竟由于工作讲究团队合作，因此同事之间、上下级之间的交流必不可少。不过沟通上的需求并不意味着可以随时随地进行骚扰，合理的沟通应该建立在不影响别人工作的基础之上。

多年来，华为公司一直呈现出快节奏的状态，但是华为人始终能够做到快而不乱，原因就在于他们能够保持和找准自己的工作节奏，在于他们拥有很强的韵律感。华为公司在培训中有一个著名的“韵律法则”。首先，员工需要保持自己的韵律，对于一些无意义的干扰电话要懂得及时挂断，在与领导或者同事进行沟通的时候，也尽量采取打扰性不强的沟通方式。其次，员工要懂得与他人保持相同或相近的韵律，这样就要求员工必须了解对方的行为习惯与工作时间，从而避免相互打扰。

华为公司的“韵律法则”衍生并包含了几个最基本的问题，比如员工该如何确定和评价自己的工作韵律，自己的韵律感是否很强，弄清楚自己的工作韵律被破坏的原因，以及如何保持自己的韵律、如何让自己的工作韵律更加和谐。

比如，员工主要通过分析工作中被打扰的原因、次数、时间，以及自己的工作成果、考核成绩等方面来确认自己的工作韵律。因此，一些有经验的华为老员工会专门制定时间表，然后在时间表中标注自己是否因为被打扰而未完成工作、自己的计划落实情况和考核的结果、在工作中被打扰的时间多少以及被打扰的原因。

通常，被打扰超过一定的次数（一般是6次）或者一定的时间

（20分钟），导致工作进度延迟10%以上，即可判定工作韵律被打乱，或者说工作者缺乏韵律感。而韵律感被破坏的原因有很多，员工需要进行详细记录，看看是什么原因，比如，自己是不是容易得罪他人，是不是热衷于参与公司里的每一件事，是不是习惯了当老好人，是不是觉得别人经常来咨询会让自己更加有成就感和存在感，是不是喜欢与他人沟通交流，是不是不善于拒绝别人或者不善于结束谈话。只有找到准确的原因，才能针对性地解决问题。

在确定工作韵律之后，就要掌握如何保持并让其变得更为协调的技巧，因为保持和谐的韵律能够有效确保工作计划的顺利实施，以及提升工作效率。华为的管理培训明确指出：工作的持续开展才能形成和谐的工作韵律，而和谐的工作韵律使每天的工作任务可以完全遵照计划来执行，并在预期时间内完成。

华为培训师提出了“创建和谐工作方法”的相关建议，比如将同一类工作安排在固定时间内集中完成，这样就可以确保同类工作的延续性。也可以事先明确工作任务以及预期的效果，然后在工作中就可以忽略那些不必要的环节，以提高时间的利用率。此外，华为培训师认为对于可能被人打扰或者需要合作的工作环节，要提前划分清楚，做好时间安排，防止在执行其他任务时被迫中断。

这些方法和建议有助于华为员工形成自己的工作韵律，但是工作韵律只有保持一个长期稳定的状态才能起到应有的功效，因此华为员工在形成自己的工作韵律之后，还需要长时间保持下去，而这就需要采取正确的方法。对此，华为人通常的做法包括以下几个方面。

第一，确定并公示自己的最佳忙碌时间。每个员工都会有一段最佳的工作时间，在这段时间内，员工的工作通常最有效也最忙碌，员工应该找出这个时间段，然后明确告知其他人，在这期间，任何人都不要轻易来打扰自己。在华为公司的研发部，科研人员在工作繁忙的时候，就会在办公室门口挂着一块“请勿打扰”的牌子。这种方法应该值得提倡，而且通过这种办法，可以提醒工作者本人要专注自己的工作，不要接受任何打扰，以此来营造一个良好的、安静的工作氛围。

第二，抽出专门的时间来接受打扰。由于工作中离不开业务上的往来，加上上下级的及时沟通以及团结合作的需要，工作中难免会进行交流，不过为了不让自己的工作秩序与节奏被打乱，员工可以专门匀出一部分时间来进行沟通交流，这样别人就会在规定的时间段内来打扰自己，从而有效平衡了沟通的需要与保持韵律的要求。很多华为员工为了更为合理地进行沟通，常常会事先与对方进行协商，在下班之后或者午休时候进行必要的交流。

第三，想办法快速排除干扰。干扰的时间越长，对工作的影响就越大，因此快速有效地排除干扰因素至关重要。在华为公司，员工常常被要求掌握好排除干扰的技巧，比如，接听电话时，要直奔主题，不可拖泥带水，对于私人电话要尽快回绝；在接受任务时，要一次性听清工作安排和要求，防止再去请教；如果有人突然造访或者交谈，那么要想办法礼貌而快速地脱身。

第四，不要浪费别人的时间。浪费别人的时间实际上也是在浪费自己的时间，因此平时一定要考虑周全，不要过度骚扰别人。华为公司有专门的规定，如果有员工汇报工作，或者有客户来访，那么尽量不要让他们等待，而在平时开会的时候，也尽量不要迟到，防止别人等太长时间。通过对自己行为的控制和约束，不仅有助于提高别人的时间利用率，同时也确保了自己能够节省更多的时间。

通过掌握以上几种方法，华为员工在工作过程中就可以有效把握工作的韵律，同时将这种韵律长久地保持下去。

9. “压强原则”

> 我们要力出一孔，力量从一个孔出去才有力度。我们“利出一孔”要做得比别人好。但是我们的“力出一孔”做得不好，研发的力量太发散，让竞争对手赶上来了。每一个产品线、每一个工程师都渴望成功，太多、太小的项目立项，力量一分散就把整驾马车拉散了。
>
> ——任正非

物理学有一个概念叫压强。所谓压强，就是物体所受的压力与受力面积之比。如果想要增大压强，那么最好的办法就是在受力面积不变或者减小的基础上增大压力。这个物理学常识在企业的工作和经营中同样也可以应用，简单来说，就是在工作范围和项目保持不变的情况下，如果增加人力、物力的投入，那么员工在该项目上的作用力和影响力就会增大，获得成功的机会就会相应地增大。

华为公司从中获得了灵感，提出了著名的“压强原则”，并在《华为基本法》中做了更为明确的规定：“我们坚持‘压强原则’，在成功的关键因素和选定的战略生长点上，以超过主要竞争对手的强度配置资源，要么不做，要做，就极大地集中人力、物力和财力，实现重点突破。在资源的分配上，应努力消除资源合理配置与有效利用的障碍。”

比如，在华为公司发展的早期，无论是产品、市场开发还是管理，华为公司与其他公司相比都不占优势，任正非认为当时如果要想在竞争中生存下来甚至获得优势，唯一值得利用的就是人海战术，毕竟同国外相对较高的劳动力成本相比，中国的劳动力资源丰富，而且劳动力成本很低，华为完全可以投入更多的劳动力在某一个项目上，这样就能将“压强原则”发挥到极致。

最成功的实践就是在C&C08万门机的开发上，华为公司从技术落后于别人到比对手提前几个月研发成功，原因就在于任正非将公司所有的研发人员和资金都投入这个项目上。当时公司各个部门的员工每天都加班加点，将所有的精力都投入万门机的研发上，因此有效提升了研发速度和质量，从而建立起强大的竞争优势，最终获得了成功。

另外，在发展的初期，华为公司的知名度并不高，为了赢得客户的信任，任正非曾提出10人服务1人的模式。那时候为了拓展华为产品的知名度，华为公司每次参加通信展览时，任正非都会组织庞大的队伍来接待来自全国各地的官员。那时候，很多公司采用一对一的专人服务制，任正非则采用10个人服务1个人的策略，尽可能提升自己的服务水平和服务态度，因此在展览会上，华为的产品常常备受青睐。这种人海战术是华为狼群战术的集中体现，任正非始终认为其他公司要投入3个人的人力来攻克的项目，华为至少要调集9个人来攻克这个难题，只有这样才能掌握绝对的主动权。

由此可见，华为的发展模式就是集中主要力量实现重点突破，而不是将资源进行平均分配，这也是华为能够从国际巨头的围剿中突围并快速发展起来的原因。华为的成功及华为人的竞争模式对其他企业及个人来说同样是非常宝贵的经验，而且具有很强的现实指导意义。

比如，同样一份工作，有的人能够做得好，而有的人的所作所为总是差强人意，很多时候就是因为投入差距比较大，在一般情况下，投入双倍力量的一方肯定要比投入一倍力量的一方更具优势。无论什么时候，保持资源优势都是一种重要的战略布局，尤其是随着竞争的日益激烈，想要真正击败对手，仍旧需要依靠强大的实力来建立起绝对的优势，如果对手在工作中付出了很多时间、财力以及其他资源，那么自己就要想办法投入更多的人力、财力、物力来重新确立优势。“永远比别人做得更多，做得更好”，这是最直接、最简单的竞争策略。

华为人集中力量解决问题的方法也许并不完全科学合理，但是简单、实用，而且往往能够起到立竿见影的效果。毕竟资源的多少、资源的合理分配，本身就是实力的一部分。正像成功学家拿破仑·希尔所说的：“资源始终是最重要的竞争要素之一。”谁拥有更多的资源，谁更善于分配和利用这些资源，那么谁就能够在竞争中屹立不倒。

尤其是对于那些实力相对薄弱的人来说，能够在局部地区集中力量打击对方，这样才有机会改变局势，为自己争取到更多成功的机会。因此，“压强原则”在某种程度上就是一种“不对称竞争”的手段，企业或者个人想要形成足够强大的优势，就可以选择将所有或者大部分资源集中起来做一件事，以确保掌握竞争的主动权。换言之，企业或者员工在竞争过程中，应该想办法集中力量攻击对方的软肋，尽可能扩大自己的优势，然后用自己的优势去打击对方的弱势，这样才能创造力量上的差距，从而提升获胜的概率。

此外，从工作性质及重要性上来说，工作总是有主次之分，在对待一些不那么紧要的工作任务时，可以适当减少资源的投入，而在那些关乎大局或者起关键作用的方面，则要加大投入量，并且进行重点的突破。因为只有把好钢用在刀刃上，才能发挥出最大的战斗力，如果对每一项任务都搞平均主义，人员、时间、资源都进行平均分配，就会出现大事情无法解决，而在小事情上造成资源浪费的现象。

10. “整体产品”的营销思维

从企业活下去的根本来看，企业要有利润，但利润只能从客户那里来。

——任正非

随着华为的不断发展壮大，很多人开始建议任正非改变原先固守通信设备供应商的地位，转而扩大业务，尤其是尝试从事通信运营，因为这块业务是一个巨大的利润池，那些从事通信运营的公司基本上都是利润大户。实际上华为内部也讨论过这些事，而且公司完全有能力涉入通信领域并从事相关的运营活动，毕竟华为本身就是依靠通信设备起家的，因此完全可以实现产业一体化，而这样一来，华为就可以为自己增加一个非常可观的利润增长点。

不过，这个富有建设性的提议被任正非否决了。首先，任正非认为“术业有专攻”，无论做什么都要做好老本行才行，通信运营虽然利润可观，但是华为公司对这一业务并不熟悉，而且对相关的运营环境感到陌生，而相比之下，通信设备制造仍旧是华为的强项，华为更应该集中精力做好这一主业。

至于第二个原因，任正非认为华为根本没有必要从事通信运营，因为华为完全可以通过自身的优势来控制通信运营业务的运行。因为华为公司是通信运营商们产品和服务供应商，而且这些产品和服务实际上已经深深地切入了运营商运营环节的方方面面，华为员工可以涉足包括基站系统、运营系统、信息化管理等在内的所有运营商的系统建设，也可以对这些系统进行维护和管理，并且提供所有的配件、关联产品、软件、芯片以及服务。通过提供优质的产品和服务，华为公司完全可以从中分一杯羹。

华为之所以主动提供产品和服务，原因就在于华为人推行的“整体产品”和“整体解决方案”策略。所谓整体产品，指的是将产品分解为基础产品、预期产品、附加产品、潜在产品四个层次，然后与客户的核心利益或核心价值整合到一起。整体产品实际上就是一种供应链价值的体现，企业在销售基础产品之后，可以通过提供优质服务来刺激客户购买自己的预期产品和附加产品，这时候双方建立了紧密的联系，客户也开始更加依赖企业提供的产品和服务，这样就确保企业的潜在产品能够销售给客户。

这样做的道理和动机很简单，因为相比基础产品而言，预期产品、附加产品和潜在产品带来的价值和利润更大。就像汽车业中“1：2：7”的利润比例一样，即卖汽车只能获得10%的利润，而卖保养的利润是20%，卖配件的利润高达70%。而卖汽车的人只有保持良好的服务，才能吸引消费者到店里保养，如果消费者对保养过程中的服务很满意，也会心甘情愿地到店里来购买配件，而时间一长，消费者就会对汽车销售商产生依赖和信任。

华为人正是通过这样的策略来推行自己的业务的。通常，华为人会先努力帮助运营商建设基站、运营和信息化管理系统，并坚持“以客户为本”的原则，无论运营商遇到了什么难题，他们都会在第一时间赶赴现场予以维修或者加以解决。这种高质量和无微不至的服务态度能够很快赢得运营商的青睐，因此他们也放心地与华为进行深入合作，从而开始购买华为的配件、关联产品、软件、芯片等产品。而系统建设以及产品的销售往往会让运营商对华为公司产生依赖感，一旦系统出现问题或者想要获得更好的体验，那么就只能选择购买华为的产品，只能接受华为的服务。

这种销售整体产品的策略关键在于服务，通过优质的服务，可以将产品的价值层层放大。因此，只要华为人能够提供更完美的整体解决方案，并让客户感到满意，那么客户往往就很难离开华为公司，会心甘情愿地将自己捆绑在华为的产品供应线上。

很多企业或者个人往往只重视初级产品的交易，而不懂得进行价值延伸，卖汽车的只专注卖车，卖电脑的只坚持卖电脑，卖手机的只想着把手机销售出去。但是，汽车、电脑、手机这些产品从本身的特点和消费习惯来说，往往只有一次利润值，卖了多少钱就是多少钱，再也无法进行二次盈利。但是，如果卖家能够提升自己的服务质量，能够以更好的服务态度来迎接顾客，并给予顾客更好的体验，那么就可以向客户推销更多相关产品，而这些产品的利润往往会更高。而且客户的需求和体验往往是无限的，这就给卖家带来很大的商机。

因此，任何一个工作者都应该转变自己的工作理念和方法，要懂得去挖掘产品的价值链，要善于对自己提供的产品和服务进行延伸，甚至间接进行捆绑。同时还要努力提升自己的服务质量和服务水平，因为服务已经不再是成本的中心，而是利润基础，是价值链的关键因素。所以，员工要强化自己的服务理念，并在此基础上为客户提供更多的整体产品和整体解决方案，这样才能打造属于自己的竞争优势。

第五章

态度有时候比能力更加重要

能力决定了我们最多能干多少工作，决定了我们最多能把工作做到何种程度，因此从某种程度来说，能力也是一种限度，而且有能力并不意味着能将工作真正做到位。想要把工作做好，想要变得更加出色，还需要拥有良好的工作态度。在华为人看来，“态度决定一切”，良好的工作态度往往是左右工作效率和工作业绩的关键因素，没有专注度，没有艰苦奋斗的精神，没有坚忍不拔的毅力，没有坚持到底的耐力，成功只能是空谈。

1. “机遇偏爱于踏踏实实的工作者”

> 我们要造就一批业精于勤，行成于思，有真正动手能力、管理能力的干部。机遇偏爱于踏踏实实的工作者。
>
> ——任正非

我们身边常常有这样的人，他们时时刻刻都在谈论工作项目，谈论管理，谈论未来的发展，开口闭口就是一些关乎企业发展的大事。而且他们更愿意关注大事，也更愿意谈论大事，而对那些诸如拧紧螺丝、打扫卫生、编制调查报告、检查工作流程之类的小事毫不在乎。他们想的全都是如何成为经理、成为工程师、成为公司里的技术骨干、成为影响团队的重要人物，渴望一上来就能够受到重用，被安排在最关键、最重要的岗位上，渴望一进入企业就能够做一番大事业。

在传统的奋斗理念中，冒险成了主流，很多人认为成功往往垂青于那些敢于冒险的人，而过度沉迷冒险的人往往会变得更加冒进，而且喜欢好高骛远，只注重干大事，而忽略一些平常的工作。那句“不想当将军的士兵绝对不是好士兵”或许是最好的理由，可是将军都是由士兵晋升而来的，如果不能踏踏实实地当好士兵，不能踏踏实实地做好士兵的本职工作，无论如何也当不上将军。而且事实也证明了，那些好高骛远、动辄就要做一番大事业的人通常连一件小事都做不好，更不用说获得成功了。

很多人在进入职场后，会拥有很多梦想，也会有很高的期待，往往不屑于做那些小事，但机会从来都不会留给这些有着大梦想、大计划、终日想着做大事的人，而那些兢兢业业、脚踏实地做好本职工作的职员，反而能够越做越好。

“您想做专家吗？一律从基层做起。”这是华为老总任正非在最新一期修改的《致新员工书》中提到的观点，而这也是整个华为公司企业文化的一部分。任何时候，华为公司都是凭实际能力与责任心来定位员工的，员工个人所得的评价以及应得的回报，主要取决于他们对公司的贡献有多大，而这些贡献往往从最基层的工作开始。

华为近些年一直从各大名校招聘和吸收各种各样的人才，但是高学历并不意味着高能力，很多高学历的人才一开始就是从基层工作做起，每个人都必须在基层工作中接受锻炼。最重要的还是要在基层工作中养成踏实工作的习惯。新员工从进入华为第一天开始，就要接受军训，还要接受最基本的培训，培训师会让新人放下高人一等的姿态，让他们放弃“进入华为就是天之骄子”的想法，而要把自己当成最普通的员工来对待。这也是为什么华为员工常常会在进入华为后期望值下降，甚至很多人会产生失望的情绪，但是随着工作的推进，他们会意识到这种落差能够让他们消除浮躁、高调的缺点。

在华为公司，每个人几乎都是精英中的精英，都是人才中的人才，但是无论身份、地位、职务以及能力如何，每个人都要踏实、务实。在他们看来，务实体现了一个人最基本的工作状态和生活态度，体现了对工作、对成功认真负责的态度，因为想要顺利完成工作目标，就容不得半点浮夸，容不得半点好高骛远，必须踏踏实实将每一步都走稳走好。

因此，在日常工作中，华为的员工总是注意端正自己的态度，也坚守正确的工作理念。

首先，不盲目追求不切合实际的目标。对于立志想要做出一番成绩的人来说，目标和理想要立足于现实，而且制定的目标必须是可实现的，如果脱离了现实，就会变得遥不可及。华为人在制定目标时，必须遵守SMART目标管理法则，所有的目标都必须具备可实现性，一旦脱离个人能力范围之外，就要作废。

华为人认为，无论做什么事都必须做到一切从实际出发，做好自己能够做到的事情。事实上，每个职员都想要成为管理者，但并不是人人都适合做管理者，也并不是人人都能够管理好企业，因此要切忌陷入一些不合实际的空想之中。

其次，不能急功近利，要保持耐性。当员工想要更快、更早地完成任务而不断提示自己“快一点，再快一点”时，往往最危险。对于任何一个人来说，片面追求速度的想法都可能会让员工本人陷入困境。很多工作都需要一个漫长的过程，如何在工作过程中保持专注和耐性直接关系着工作的效率与结果，事实上工作中往往会出现各种困难，而且越接近目标，困难越大，此时一定要保持稳定的步伐，不能过于急躁，急功近利的做法只会让所有努力付诸东流。

华为人在工作之前会制定合理的时间规划，确定每一个工作步骤并预估完成这些步骤的时间，这样能够有效避免员工想要过快完成任务而造成工作效率低下的情况。

最后，要懂得量力而行，不能过高估计自己的实力。心理学中有一个非常著名的“彼得原理”，美国学者劳伦斯·彼得在对组织中人员晋升的相关现象进行研究后得出了一个结论：在各种组织中，由于习惯于对在某个等级上称职的人员进行晋升提拔，因而雇员总是趋向于晋升到其不称职的岗位。简单来说，每一个人都试图在自己现有的职位基础上往上爬，从而期望得到一个与能力不匹配的位置。有研究机构做过统计，发现70%的职员都存在能力与职位不匹配的情况，因此他们在工作中常常会感到力不从心。

彼得原理的危害性在于多数人只想获得更高的职位，而忽略了自身的实力是否与之匹配。其实对于员工来说，为了让自己更加从容地做好本职工作，就要坚持做那些适合自己的事情，坚持待在最合适的岗位上，那些更高的职位虽然很诱人，但是却由于高于自身的能力范围，因此常常会出现力不从心、局面失控的情况。

在华为疯狂扩张的年代，华为人也始终坚持脚踏实地地工作，而且华为在招聘人才的时候，有一个惯例，那就是“名牌学校的前几名学生华为不要”，这个奇怪的规定实际上正显示出了华为的用人标准以及华为人的工作态度。因为名牌高校的前几名学生虽然知识储备很丰富，能力也比较强，但是这类学生通常都自视甚高，有自大情结和自恋倾向，喜欢以自我为中心，一旦到了华为往往难以适应艰苦的生活，也难以做到从小事、从基层做起，更不会坚持以客户为中心。

正是因为始终重视脚踏实地的工作精神，华为才能在快速发展中保持稳定的态势，才能够不断创造佳绩，这也真正印证了任正非的那句话：“机会偏爱于踏踏实实的工作者。”华为的快速扩张值得人们学习，但华为人脚踏实地的品质更值得推崇和尊重。

2. 时刻做好艰苦工作的准备

> 任何员工，无论您来自哪个国家，无论新老，只要坚持奋斗，绩效贡献大于成本，我们都将视为宝贵财富，不断激励您成长。
>
> ——任正非2009年在EMT办公会议上的讲话

一个人获得成功的要素有很多，比如知识、能力、人脉、背景、财富、地位等，而这些要素中有哪些是不可或缺的呢？哪一个要素才是真正左右成功的关键因子呢？问题的答案可能有很多，但是无论怎样，有一个要素必不可少，那就是“奋斗的意识”。任何一种成功都是奋斗的结果，也都需要合理的奋斗过程。如果说能力是奋斗过程中的工具，那么奋斗精神或者奋斗意识就是奋斗过程的指引。

在华为公司，员工们必须有学历、有能力，但最重要的还是具备出众的奋斗精神，而且他们也要时刻做好奋斗的准备。任正非说过：“在华为改变命运的途径只有两个，一是奋斗，二是贡献。”奋斗成了华为人的一个特质，成了他们意识中的重要组成部分。

比如，很多公司都存在加班的情况，而且多数员工可能都是被动加班的，而在华为公司，员工们对加班几乎习以为常，而且很多人都是主动加班。在公司创业的早期，为了腾出更多的工作时间，很多员工主动将床垫带到办公室来，不用的时候卷起来放在桌下的柜子里，一旦工作困了累了，就拿出来直接铺在地上，睡醒了接着干活儿，在这样独特的工作模式下，很多人竟然一个多月都不曾回过宿舍。

床垫文化是华为加班文化中的一个重要印记，也体现出了华为人艰苦奋斗、吃苦耐劳的品格。不仅如此，为了让员工能够保持奋斗精神，能够拥有持续努力的工作状态，员工可以与公司签署《奋斗者协议》，声明主动放弃带薪年假和法定假期，还要放弃加班费，自愿买断工龄等，以此来保证自身的工作成绩在考核中能够达标，并获得相关的分红与股份分配。很多员工都主动和公司签署了这样一份看似“不平等”的协议，很大一部分原因就在于这些人都是真正的奋斗者。

华为坚持以奋斗者为本，因此华为人也时刻准备着当一个奋斗者，也正是这种积极的工作意识铸就了华为人“拼命三郎”的性格，而这种性格恰恰是当今职场人士最缺乏的。现如今一说起工作，员工们想到的话题通常都是待遇、是工作压力、是职业倦怠症，而很少有人会谈自己的奋斗情况。过去十年，全世界的员工们平均每天的工作量和工作时间已经大幅削减了，假期也开始增多，福利和待遇也相应得到了增加，不过很多员工依然觉得不自由，依然欠缺工作的动力，其中很大一部分原因就是因为员工的奋斗意识被削弱了，很多人将工作和挣钱养家联系起来，而不是和事业、荣誉与责任联系起来。

牛津大学的社会学家理查德教授曾经认为日渐削弱，甚至消失的奋斗精神显示出了新时代下工作者的失控状态，这种说法未必真的站得住脚，但是相比于从前，奋斗意识的逐渐削弱也是不争的事实。在很多企业中，艰苦奋斗甚至成了“苦干蛮干”的代名词，这种观念上的转变实际上也对工作造成了很大的困扰。

其实，正如华为人所说的那样，技术很快就会过时，财富不可能买到一切，各种资源也都是有限度的，唯有艰苦奋斗的品质永远不会过时，它也永远都是提升工作效率和促进企业发展的重要保障。

那么，如何才能做到艰苦奋斗呢？在华为人看来，最简单的就是要懂得永远都比别人多花一点时间在工作上，比如早上提前几分钟上班，下午晚几分钟下班，或者偶尔加班。虽然时间上的差距并不那么明显，但是即便是几分钟也代表了一种姿态，而且几分钟内往往也可以做很多事。

员工应该记住，比别人多花一点时间通常也就意味着比别人多做一点工作，这多出来的一点工作看起来毫不起眼，但是如果每天都能多做一点工作，那么时间一长，就会发现自己已经比别人多做了很多事。这就是员工个人的工作优势，而且你很可能会因为这样的优势更容易受到上级的青睐与重视。

除了多花时间之外，适当增加自己的工作强度也很重要。华为的主管们认为员工应该在规定时间内多做一些工作，适当选择一些难度较大的工作，或者经常在一些工作环境不好的地方工作，以此来锻炼自己、充实自己。尽管人人都希望自己的工作难度越小越好，希望自己的工作压力越小越好，不过适当做一些高强度的工作对员工的发展还是有利的，所以在工作中如果遇到一些比较棘手的问题，不要刻意回避，而应该主动面对，这时候谁能够主动挑起责任，能够接受强度更高的任务，得到的锻炼机会越多，受到重视和提拔的机会也越多。

在日常工作中，很多人喜欢做办公室的工作，就是因为在办公室里工作更加安逸和舒适，不仅能够避免各种体力活儿，还永远都不会受风吹日晒雨淋之苦。但是对于很多工作来说，必须走到室外实践，必须亲自到一线去奋斗，越是害怕出去接触社会，越是缺少实践活动的锻炼，最终反而越是影响个人能力的提升。保持适当的工作强度是一种非常有效的锻炼方式，况且上级领导通常也乐于给员工一些压力，那些办事轻松、毫无压力的员工往往被当成贡献不大的人，而能够主动提高负担、提升工作标准的员工，通常会获得更多的发展机会。

此外，专注度也是艰苦奋斗中的重要组成部分，专注度越高的人，工作越投入，也越执着和勤奋。而注意力分散的员工往往心不在焉，很容易被其他事情所打断和干扰，工作效率受到严重的影响。

艰苦奋斗更多时候体现的是一种精神，它可以体现在工作的各个方面与环节中，只要有这样的精神和意志，就可以在工作中表现出高人一等的斗志，表现出与众不同的气质，而这些特质会成为员工创造机会、把握机会的前提，并为自己最终走向成功提供重要的保障。

在华为公司的官网上，留着这样一段文字："我们没有任何稀缺的资源可以依赖，唯有艰苦奋斗才能赢得客户的尊重与信赖。奋斗体现在为客户创造价值的任何微小活动中，以及在劳动的准备过程中为充实提高自己而做的努力。我们坚持以奋斗者为本，使奋斗者得到合理的回报。"

正因为华为公司足够重视和尊重奋斗者，正因为华为公司独特的企业文化，才导致华为人保持了非常出众的奋斗意识和艰苦奋斗的精神，而这种精神反过来又促进了华为人的成长。所以，无论是对哪个员工来说，想要做出成绩，想要获得足够的认可和回报，想要获得更好的发展空间，最好的方式就是努力奋斗，通过艰苦奋斗的精神和意志来赢得企业的尊重，赢得别人的信任和关注。

3. 在工作中倾尽全力

公司在研发、市场系统必须建立一个适应华为人生存发展的组织和机制，吸引、培养大量具有强烈求生欲的竞争型、扩张型干部，激励他们团结作战，不顾一切地捕捉机会。

——任正非

在华为创立初期，由于竞争对手太强太多，华为的发展受到了很大的制约，为了突出重围，任正非认为当时华为的第一要务就是“活下去”。

从20世纪90年代，华为开始了疯狂的扩张之路，先是占领农村市场，然后在国内市场对国外竞争者发起挑战，最后走向国际市场，在非洲、欧洲以及北美都拓展了很大的市场份额。华为的疯狂攻势让美国惊呼“狼来了”，美国政府不得不以政治安全为由设置贸易壁垒，将华为阻挡在了大门之外。

在大规模的快速扩张行动中，华为员工扮演了最重要的角色，他们经常夜以继日地加班，常常牺牲节假日把休息时间投入工作中，往往不知疲倦，而且始终保持着强烈的奋斗精神和扩张意识。在抢占市场的时候，任正非曾经提出了著名的“薇甘菊战略”，任正非认为华为公司应该像薇甘菊这种野草一样，快速生根发芽，而且只需要一丁点儿养分和空间就可以快速扩张开来，迅速占领地盘。很显然他在给员工更多的动力和压力，希望他们能够拿出竞争精神和状态。

在企业文化的熏陶下，华为员工始终保持着强烈的竞争意识，只要一投入工作，常常难以停下来，直到工作任务完成为止。而且每一个竞争对手都会被当成敌人来对待，为了在市场上排斥和淘汰其他竞争对手，华为员工总是拿出最大的工作劲头，总是表现得咄咄逼人。

对于多数员工来说，真正的问题也许并不在于能力不行，而在于自己的工作状态不够好，很多时候表现得太保守、太柔弱，在竞争中也就显得畏首畏尾、缺乏勇气和气势。在竞争中也应该做到“静若处子，动若脱兔”，该蛰伏的时候一定要保持必要的隐忍，而一旦时机到来，就应该全力以赴投入进去，不能有丝毫的放松和懈怠。

在工作中，在面对竞争的时候，也许每个人都应该像巴顿将军那样，“不要等着机会找上门来，进攻、进攻，加快进攻”。在日常工作中保持竞争意识非常重要，保持竞争意识意味着自己有决心完成工作任务，也意味着更高效的执行力。持续不断的进攻也是一种气势和威慑力，对于竞争对手是一种巨大的打击。因此，持续发动进攻最能够体现出竞争意识，也最能让对手感到恐惧和绝望。

为什么同事们总是能够获得更好的任务？为什么同样受到老板的重视，别人总是要比自己更容易获得提拔？为什么在解决一些难题的时候，别人总是比自己先完成任务？为什么在竞争中，自己总是落败的那一方？这些问题的关键在于个人的竞争意识，越是积极主动、越是富有竞争意识的人，越有可能把握机会和主动权。另外，有些人在工作开始时劲头很足，但是持续性不好，工作状态总是断断续续，这样就使得工作效果大打折扣，最终也难以完成任务。

工作的本质就是为了获得更多的利益，就是在竞争中满足自己的利益需求，这是一个和自己对抗、和对手对抗的激烈过程，如果缺乏竞争精神，那么很有可能会成为淘汰机制下的牺牲品。所以无论如何，都要拿出血性，要端正自己的工作态度，保持足够的竞争意识，千万不要错过任何一个机会，而且一旦抓住机会，就决不能有所懈怠，直到达到目的为止。

这是一个充满竞争的世界，只有最强悍的人才能在职场中站稳脚跟，才能为自己争取到更多的生存空间和生存机会。任何迟疑、畏缩、恐惧、不专注都可能会导致失败，甚至会给自己带来危险，保持过人的竞争意识，保持持续的竞争精神才是最好的生存模式。正因为如此，在工作中，一旦确定目标，就要倾尽全力去执行，无论遭遇什么困难，都应该保持专注和主动，尽可能完成任务。

当华为公司将爱立信超越之后，爱立信的一个业务经理感叹道："我们输给了一群更富有战斗意识的人，他们比任何人都要更狠。"所以，如果一个员工在工作中表现出来的把握机会的渴望更加强烈，那么他们所能得到的机会往往也更多。

4. “板凳要坐十年冷”

员工一定要丢掉速成的幻想，学习日本人踏踏实实、德国人一丝不苟的敬业精神。

——任正非

现如今，有很多员工喜欢跳槽，而跳槽的原因通常是工作不适应，或者说不满意公司现有的环境。比如，一旦自己的工作成绩还不错，有些员工很可能就会四处炫耀，不仅不能够专心工作，不能够精益求精，而且他们自认为现有的企业和职位已经难以匹配自己的能力，因此不愿意待在原先的岗位上。如果员工做了好几年也没有任何起色，就可能灰心丧气，慢慢失去竞争力和上进心，并想办法寻求新的出路。

这种人耐不住寂寞，也承受不了困难和打击，遇事非常容易动摇。可是对于企业员工来说，无论是创业还是在职场上班，都需要保持足够的耐心和毅力，缺乏毅力的人往往难以做出好成绩。首先，无论什么工作，都要花费大量的时间才能做精做透，都需要保持足够的专注度才能做出成绩，想要在短时间内获得突破，往往不容易办到。

其次，老板向来不喜欢那些频繁跳槽的员工，更不会重用这样的人，因为这样的人缺乏长远的规划，也缺乏持久的耐性，而培养出一个好员工需要很大的成本，包括资金、资源、时间，因此没有一个老板愿意自己的投资付诸东流。

华为公司有一个显著的特点，就是低调，无论是总裁任正非，还是最普通的员工，他们都喜欢远离聚光灯，而且也不善于进行社会交际，这种低调体现出了华为人不慕名利、甘于寂寞、专心致志投入工作的品性。在华为公司内部，有很多员工会选择跳槽，但是也有很多员工默默无闻地在工作岗位上奋斗了十几年、二十几年，这些人中甚至有人从任正非开始创业就一直跟随其左右，多年来他们坚守在自己的岗位上。按任正非的话说，任何人都需要坐冷板凳，也需要坐足冷板凳。

在过去，华为有一个中试系统，任正非在研发和生产系统间插入这样一个部门，目的是为了保证产品质量，部门内部的员工专干脏活儿、累活儿，待遇反而没有研发和生产部门的员工高。任正非也曾经也给予了他们很大的关注，并且提出了“板凳要坐十年冷”的口号，而在很长一段时间内，该部门始终保持1000多人的规模，很少有人离职和跳槽，也没有人向上级抱怨什么，他们心甘情愿地长期坐冷板凳，并且为华为公司的产品质量提供最坚实的保障。

中试系统的员工的坚持只是华为企业文化的一个缩影，而且在华为公司升职是很困难的，很多老员工可能做了十几年也一直没有获得提拔，因为华为公司有着严格的考核体系，只有业绩突出的人才能获得相应的奖励。即便如此，多数人仍旧坚守自己的岗位。虽然基本上任何一个新进入华为的人都需要坐冷板凳，但华为人对工作有着独到的理解，他们认为“点滴的奋斗与持之以恒的努力”才是提升工作能力与工作成绩的关键，所以甘坐冷板凳，坚持坐冷板凳成了华为人的共识。

任正非说：“在冷板凳上坐的都是一代英豪。”无论哪个岗位都是一样，只有坐得住的人才能坐得稳，只有守得住的人才能守出精彩。最新的职业调查研究表明，员工在某一份工作中的工作时间通常是3～5年，而且这个时间正在逐渐减少，这也是为什么多数员工仍旧不满意自己的工作，并且始终难以做出出色的成绩。或许每个跳槽者或者准备跳槽的员工都应该想一想，为什么有的人能够做得比自己更好，为什么有的人能够获得最后的成功，为什么有的人起步比自己晚，但是最后工作要比自己更好。想要弄清楚这些问题，员工可以先了解一下那些成功者的一些基本的工作信息，比如那些人在本职工作上做了多长时间，是5年、10年，还是更久一些，而且他们是不是比自己更具有耐心。虽然时间并不能反映出个人的能力与成就，但是却最能直观地体现出工作者的工作态度。

“板凳要坐十年冷”有两层含义，第一层是要懂得坐冷板凳，第二层含义是要坐上很久，这两层含义指出了员工需要保持的工作状态。

首先，不可能所有人都会受到重视，不可能所有工作都会立即获得成功，一些身怀远大抱负的人免不了要受到冷落和忽视，但要保持平常心，要用平和的心态来看待自己的遭遇，而不要自怨自艾、怨天尤人。任何人都需要经受历练，而坐冷板凳则是最好的磨炼，员工应该踏踏实实做好本职工作，不要总想着跳槽，不要总是觉得只要做出改变就能够得到更多。

其次，冷板凳往往要坐很久，对于任何一个人来说，与其在抱怨中枯坐冷板凳，倒不如想办法不断提升自己的工作能力，不断改进自己的工作方式。有个华为人在工作岗位上坚持了11年，最终因为提出了14项技术专利，并且工作效率要比其他员工高出30%，而获得了重用。如果缺乏持久的耐心，缺乏足够的毅力，那么他就无法坚持下去，更无法在不利的环境中施展才华、获得自我提升的机会。

正因为如此，对于员工来说，应该坚持坐好冷板凳，坚持将冷板凳焐热，这样才能迎来发展的机会。

5. 只有不过分顾及面子的人，才能获得成功

我曾经讲过，世界上只有不过分顾及面子的人才会成功。孔子说："三人行必有我师。"这句话前面没有加定语，没有说三个优秀的人，有可能是三个放牛娃。放牛娃怎么可以做老师？所以说孔子愿意不耻下问，愿意向任何人请教。

——任正非

中国人向来爱面子，作为人际交往中不可或缺的一部分，面子已经成了影响人们生活方式、工作方式的重要因素，张口闭口谈论的都是面子，而且地位越高、权力越大的人往往越喜欢搞一些面子工程，很多事情都让面子来做决定。

美国传教士亚瑟·史密斯曾经写过一本《面子生存法则》，讲述中国人对于面子的执着以及面子的秘密。亚瑟·史密斯在书中提到了面子在人际交往中带来的一些积极效应，比如，求人办事时能够顾全

别人的面子，那么办事就容易得多，不过更多时候面子只是一个空洞的符号，除了满足自己的虚荣心之外，毫无实际用处，而且会造成很大的负面影响。

比如，在工作中，人们就常常因为面子问题而错失良机。有些人明知道自己犯了错，却害怕承认错误伤了面子，最终选择掩饰或者故作无知；有些人在竞争时怕伤了和气，所以主动隐忍退让；有些人进取时怕别人说自己利益至上而放弃了追求；有的人遭遇失败和挫折的打击后，担心被人说成是失败者，于是干脆就此放弃；有的人由于担心被人拒绝而伤了自尊，所以选择了闭口不谈，最终白白错过了机会；有的人在别人面前高高在上，放不下面子，结果不愿意向别人请教问题，因此难以获得进步。

华为人认为，工作中最重要的是达到目标，是为了创造工作的价值和利润，因此一切都要想办法做实，该完善的一定要完善，该努力的一定要努力，该谦卑时一定要谦卑，该竞争的时候一定要奋进。一味看重面子、保全面子，就无法认认真真、全心全意地投入各项工作中去。

真正能够保证工作效率，能够保证顺利完成目标靠的并不是面子，而是里子，个人的能力、内涵才是成功的保障。面子永远都是虚的，而且过于重视面子的人往往会不知进取，不懂得实事求是，能做的不去做，不能做的却偏偏要逞强，这样的人难以办成实事。

此外，无论对于企业还是个人来说，管理的关键在于遵守内部制定的各项规则，工作中应该严格按照规则办事。一旦因为面子和人情关系擅自脱离规则，那么所有工作都会变得无序，执行力也会变得越来越低下。

那么该如何放下面子呢？华为人认为放下面子的关键在于放低姿态，改变过去高高在上的工作态度。

首先，要懂得遵守规则，要做好管理和约束，不要将个人的情感和权力凌驾于规章制度之上，只有把遵守规则放在第一位，才能够有效减少和避免面子问题。最重要的还是不要将自己太当一回事。很多员工自认为是团队的核心人物，在企业中扮演不可或缺的角色，总是高高在上的，不愿屈从别人。实际上每一个人都只是成功道路上的奋斗者，都只是有着理想和追求的普通追梦人，那些自以为高人一等、自以为不可或缺的人只是自我感觉良好而已。

华为人意识到想要融入工作环境和社交环境当中，并获得发展的机会，就应该以平常心来看待自己、看待自己的职位和权力，然后平等对待和尊重其他人，这样才能够获得别人的认同。其实无论是上下级之间，还是服务者与客户之间，都存在着利益共生关系，脱离了任何一方的支持，都无法独自生存和发展。

如果是管理者，就不能为了面子而在下属面前颐指气使，或者无缘无故给员工脸色看，权力和地位不能成为被面子利用的工具。当初任正非吃住都和员工在一起，甚至还亲自帮员工买晚饭，完全没有任何架子。其实对于任何一个管理者来说，如果搞特殊化，搞权力游戏，那么失去的就是员工的信任与忠诚。

在面对客户的时候，则应该保持低调谦卑的姿态，主动联系客户，不要总是表现得高高在上，总觉得自己是合作中的主动者。比如，华为公司始终坚持以客户为中心，任何活动都必须服务于客户，任何人都必须善待客户，因为在华为人看来，客户就是企业的生命线，如果因为面子不去屈就客户的意思，那么失去的则是生意与利益。

除了处理好人际关系之外，在面对工作的时候，要放下自尊心，也要踏实稳重。比如，正确认识自己的能力和水平，不要总是想着做大事，不要总是觉得做那些不重要的工作或者站在低级职位上没什么意思。无论做什么，都要认真对待，不能将工作分为三六九等，不要觉得“职位高、工作好”就高人一等，“职位低，工作琐碎”就没面子。嫌弃工作太脏太累，认为工作太低级不值得去做，这样的想法本身就是对工作的不负责。在华为公司，任何一个人想要获得晋升，成为管理者，就必须下到基层去做最简单、最烦琐的工作，那些有着优越感的名牌大学毕业生也不得不和普通工人一样在底层工作。如果一个人这也不愿做，那也不愿做，认为什么都配不上自己的身份，到最后因为虚荣心作祟而什么也干不了，那么，无论他做什么也不能做成功。

此外，在工作中不要害怕面对错误、失败。自己做错了就要坦然承认错误，然后尽早纠正过来。面子是一时的，而错误如果不能改正就会永久存在，对今后的工作也会产生不良影响，而且刻意掩饰错误本身就会影响自己的形象，降低别人对自己的信任感。此外，如果因为害怕失败被人嘲笑而不敢行动，那么永远也不可能走向成功。其实，丢脸并不可怕，真正可怕的是失去把握成功的机会。

作为企业运作和流程中的一部分，没有任何人是特殊的，因此也没有必要太顾及面子，面子是成功路上的巨大障碍，不仅会阻碍人们把握机会，会伤害工作者积极进取的决心，会折损面对失败和挫折时的勇气，还会破坏人与人之间的关系。但凡那些成功人士，往往能够放下面子，能够直面挑战和失败，能够保持平常心来处理工作中的事务。因此，面子并不重要，能够按照自己的意愿、按照实际情况向着目标前进，能够保持信心和耐性，一步步渡过难关，才是成功者必须具备的特质。

6. “尽心与尽力是两回事”

> 尽心与尽力，是两回事。一个人尽心工作与尽力工作，有天壤之别。要培养一批用心的干部。用心的干部，即使技术上差一点，也会赶上来，因为他会积极开动脑筋，想方设法去工作。
>
> ——任正非《中研传输部汇报纪要》

在日常工作中，每当上级领导询问“有没有把握做好工作”时，员工常常会回答说“尽力而为”。“尽力而为”听起来似乎非常敬业，但这只是一种主观上的工作态度。每个人的能力不同，因此所谓的尽力并没有固定的标准。在工作中到底尽没尽力、尽了多少力、如何尽力、自己的能力有多大，这些只有员工自己最清楚，别人根本不知道，也没有办法进行准确的测量。即便员工真的尽力了，是否能够达到上级的要求，是否能够完成目标，是否会妨碍组织内的团队合作，这些还是未知数。

尽力工作实际上是一种自我设限的行为，尤其是对于一些不想执行任务或者害怕失败的人来说，“尽力”实际上不过是他们提前找的借口，只要遇到一点挫折和困难，他们就会主动放弃，就会抱怨工作压力与难度已经超过了自己的承受范围。从心理学的角度来说，尽力工作是有所保留或者不愿意全力以赴的表现，而对于那些用心、尽心工作的人来说，即便自己能力差一点、技术差一点、困难多一点，也会想办法解决。尽心体现的是积极负责的态度，不论能力有多大，不论困难有多大，不论工作有多繁忙，都会用心应对，不会轻易错过任何一个环节，不会有丝毫的放松和懈怠。尽力是从个人角度出发，自己能做的就做一点，难做或者不想做的干脆放弃；而尽心则是从工作的角度出发，是真正以工作为主体，且以充分投入工作当中为前提。

华为总裁任正非曾经说过：“你要想成为高级干部就得尽心。全心全意与努力是两个概念，尽心做事与尽力做事是两个根本性的概念，思想上艰苦奋斗就是尽心。尽力不是好干部，是中低层干部，尽心才是好干部。”任正非认为“尽力”是没有目标性地完成任务，是缺乏责任感的体现。所以，在华为内部，只有那些尽心、用心工作的人才最有机会获得晋升，才能够赢得公司的信任，而尽力工作的人则会受到更为严格的审核。华为公司以尽心与尽力作为划分和提拔管理型人才的重要依据，体现了公司对尽心工作的人的重视。

尽心工作首先体现的是主人翁精神，是一种责任感和归属感，尽心工作的人不会因为面临各种困难而为自己寻找借口，不会在工作中相互推诿责任，不会逃避自己应该承担的责任，不会轻易放弃任务。更重要的是尽心工作的人往往更具创造性，总是能够想到更好的解决方法，总是能够创造更大的业绩。

很多企业之所以始终归于平凡，业绩始终不突出，发展始终难以获得突破，原因就在于员工在工作中不够尽心。在公司发展和壮大的时候，没有人尽心做出更大的贡献；在公司面临发展瓶颈期的时候，没有人尽心帮助企业获得突破；在公司陷入困境时，没有人愿意直面挑战，承担起复兴的重担和压力。正因为如此，很多发展不佳的企业最终退出市场，而那些发展中的企业往往只能够做到不错，而难以成为优秀或者伟大的公司。

个人在工作中也是一样，为什么有的人觉得自己每天都在尽力工作，却终究难以获得领导的器重？为什么自己一直以来都竭尽全力解决问题，却难以获得成功？原因就在于你只是尽力去做了，而没有尽心去做，你可能缺乏更多的专注度、执着、勤奋、耐心，以及不服输的个性。无论是谁想要获得成功，想要做出突出的成绩，都要端正态度，尽心做事，不仅要完成工作任务，还要尽量把工作做精做透，要在质量上严格把关；要懂得迎难而上，迎接挑战，无论面对什么困难，都不能轻易放弃和妥协，只有全身心地投入进去，才有机会越做越好。

尽力做和尽心做有着本质区别，比如一个工作的难度系数是1，而个人的能力值或者所能承受的难度系数最高也是1，那么对于尽力工作的人来说，他们的工作表现可能最多只能达到1的水平，而且常常会低于这个水平。而对于尽心工作的人来说，他们通过持续不断的努力，可能会完成难度系数超过1的任务，而工作值也会突破1。这种差别往往就决定了尽力工作与尽心工作的结果，也决定工作者的前途与业绩。

在华为公司的研发部门，员工在工作的时候，常常会反反复复地对各个技术环节精雕细琢，努力想办法改进技术，或者运用一些新技术，从而摸索出一些更为先进的技术和方法。正因为如此，华为公司每年都会申请很多专利，他们的专利数量在国内企业中是最多的，和那些世界级的大公司相比也占据一定的优势。如果仅仅是按照自身能力尽力去做，那么技术就永远不会有进步，永远不可能获得突破，华为的竞争优势也就无法长久地保持下去。正因为华为人始终保持用心、尽心的工作态度，才使得华为公司成了国际上同类企业中最具竞争力的跨国公司。

所以，无论是企业员工还是创业者，都应该抱着全心全意尽心工作的态度来面对各种任务，要保持对工作结果高度负责的责任担当意识，主动做好工作所需的知识储备，主动学习专业技能；破除自我中心和各层级本位主义；端正自己的工作态度，保持绝对的专注度和奉献精神，这样才能够把握和创造更多的发展机会，才能够做出更加突出的业绩。

7. 工作要专注于实践

> 任何一个变革最重要的问题是一定要落地。不能落地也不能上天，浮在中间，那是什么用也没有。因此，我们认为，任何一个变革，不在于它的开工，不在于它的研讨与推行，而在于这个项目是否落地，能否真正起到切实的作用。
>
> ——任正非

很多管理者和员工十分注重理论知识，在工作中常常只懂得站在一旁指手画脚，提出的经验、理论一大堆，但是真正让他们动手做事的时候，他们往往不知所措、漏洞百出，而且以往那些理论知识也不灵验了。这种纸上谈兵的人在职场中很常见，但通常不受欢迎，也难以受到公司的重用。

对于那些喜欢说而不喜欢做的人来说，最大的问题就是工作态度不端正，工作中常常眼高手低，自以为是，而且由于缺乏动手能力，他们所掌握的理论知识和各种方法论也没有经过实践的检验，因此可靠性和科学性值得商榷，也不具备什么实际的价值。

实践是检验真理的唯一标准，任何策略、方针、理论的实施，都需要经过实践的考验，而任何策略、方针、理论也都从实践中产生，所以只有主动参加实践活动，只有亲自经历才能更好地了解工作，才能更好地把握工作要领，并将工作真正做到位，也才能形成自己的工作方法和工作理论。

任正非曾经明确表示“无实践经验的人不能得以提拔和重用”。

他认为，那些没有经过实践锻炼的机关人员，应该被称为职员，因为这些人缺乏实践的历练，不了解基层工作的情况，自然没有办法进行管理。“猛将必发于卒伍，宰相必取于州郡”，是华为公司的一个重要口号，对于缺乏基层实践经验的现有干部，华为公司建议他们及时补上这一课，并尽快派他们到一线去接受实践检验。

正因为如此，华为的干部必须从基层做起，也必须经常下基层去考察和锻炼，以便尽可能地了解工作信息，从而完善自己的管理方法。而对于一般的职员也是一样，华为公司在招聘新员工后，无论对方是海归博士还是毕业于名校的高才生，都一律从基层工作开始，都会被安排到基层工作岗位上。

有一次，华为公司做产品的市场推广讨论，部门经理提出了一个方案，有一个差不多干了两年的员工突然提出质疑：“这样的推广方案，有没有理论支持？”虽然提出质疑是华为人的专利，每个人都有权提出不同的反对意见，但是此言一出，在场的人都觉得很不可思议，经理的脸也立即沉了下去。虽然这个员工是研究生毕业，知识水平很高，而且具有严谨的研究思维模式，可是该员工在公司里干了两年，也不算新人，工作经验也应该比较丰富了，此时竟然还是用学院的那一套逻辑来做非学院的实践，显然不合理，也证明了该员工的职业成熟度仍然不高。

在企业中，尤其是一些管理人员平时喜欢开会，喜欢研究理论，喜欢进行说教式的宣传，这些本没有错，但任何人都不能仅仅依靠口头的言论来指导自己与他人的工作，不能仅仅是看起来非常精通理论，或者看起来工作经验丰富，表面上做的一些空头文章，根本没有什么现实依据。关键还是要有真才实学，而真才实学通常源于实践。有道是实践出真知，而在工作中，工作机会往往是从实践中获得的，进步和成功也是从实践中获得的，只说不做、缺乏实践锻炼的人，或者只进行原则管理而不贴近具体工作的人，难以提升自己。

正因为如此，每一个员工都应该动手做好自己的工作，每一个管理者也应该尽量亲自做一些具体的事，那些害怕去一线锻炼自己、找不到事做或者不知道如何下手去做的人往往会受到公司的遗弃。

很多人对华为的人才培养体系非常感兴趣，都想知道为什么华为公司的员工会比其他公司的人才更加出色，而一些老员工则认为华为的培训根本没有什么秘诀，方法也很简单，就是让员工去一线锻炼、去基层锻炼，只要让员工多接触工作，工作能力和工作经验、工作方法自然就会得到提升。

社会学家认为个人能力的90%来源于实践活动，只有经常参加实践活动，个人的技术、胆识、谋略、见识才会得到提升。而且一些新的理论、新的方法、新的技术只有在实践中才能得到证明，只有通过实践才能找出不足和缺陷，可以说实践是自我完善的重要途径，同时也是重要的工作态度。

对于任何人来说，在工作中一定要坚持以实践为主导，要端正自己的工作态度，不能眼高手低、好高骛远，不要动不动就谈论理论和经验，而应该踏踏实实地做出成绩。任正非说：“任何一种理论本质上都是不值钱的，因为所有绩效都是通过劳动和实践创造出来的。”如果想要让别人信服，想要让别人认可自己的想法，最好的表现方法就是通过工作呈现出来。

8. 细节才是关键

任何一个只希望自己在流程中贡献最大、名留青史的人，他一定会成为黄河的壶口、长江的三峡，成为流程的阻力。

——任正非

从职场或商场的竞争环境来看，失败或者成功似乎都是必然现象，总有人会被淘汰出局，或者说这本身就是竞争时代中生存法则的一部分。每天都有企业要遭遇失败，都有人要把工作搞砸，总有一些人比我们更加成功，不过在优胜劣汰之中，人们更应该关注成功和失败背后的原因。

很多人也许会说，对方的实力和技能并不比我高，对方手头的资源也没有比我更加充足，对方的上进心也不见得一定比我更强，对方的投入和专注度也没有比自己高出很多，为什么同样的条件下，自己总是会比其他人做得更糟糕一些？这些人也许专注在一些显而易见的优势比对上，却很容易忽略一个最基本的事实：自己是不是和别人一样细心，是不是一样善于把握各种细节？

忽略细节或者不重视细节，一直以来都是企业员工通病，很多人喜欢讨论大方向上的对与错，看决策是否失误，而没有特别去关注细节问题。也许很多人还没有意识到：为什么别人的桌面总是比自己的整洁？为什么别人报告的字迹总是比自己的更加清晰美观？为什么接电话时，别人总是会记得先说一句“您好”？为什么别人生产的产品总是比自己的更加完整一些？原因就在于细节，在那些细枝末节上，别人总是比你更加专注、更加精准，因此展示出来的效果也会更好。

在工作中，细节往往决定质量好坏，决定能否成功，决定能否受到上司的重视。细节体现的是一种责任与态度，它包含了工作者对于工作的投入、对于工作的看法，以及对于工作过程的掌控，能够关注细节的人，往往也能够将工作做得更加出色。反过来说，一个小小的失误也会让所有工作毁于一旦，造成不可挽回的损失。

在英国民谣里，有这样一句词：丢失了一颗钉子，坏了一只蹄铁；坏了一只蹄铁，折了一匹战马；折了一匹战马，伤了一位骑士；伤了一位骑士，输了一场战斗；输了一场战斗，亡了一个帝国。这位“伤了的骑士”就是英国国王查理三世，大战开始时，他的马夫因为粗心大意少给蹄铁钉了一颗钉子，结果导致了悲剧的发生。谁能想象一颗小小的钉子毁掉了一个国家呢？听起来似乎有些危言耸听，不过对于向来严谨的华为公司来说，他们一直深信这样的故事，并且时刻都提防类似的悲剧发生。

华为公司在最近几年开始生产和销售手机，华为手机已经成为国际市场最重要的品牌之一，而且成为国际市场上最卖座儿的手机品牌之一。众所周知，华为手机的起步比较晚，相对于一些手机制造商而言，已经落后了十几年甚至是几十年，但是在发展的道路上，华为始终能够保持自己的技术优势，可以说在同等价格区位或者同级别的手机中，华为手机的性价比几乎是最高的。此外，华为手机还非常专注于细节雕刻，手机的设计处处彰显人性化，充分考虑到用户的真实体验，这些细节相对于技术同样重要。

华为手机产品线总裁何刚在提到华为手机的设计时，道出了华为人的工作心声：“我们本着工匠之心，不断地把每一个细节做好，哪怕会慢一点儿让消费者用到我们的优质产品。用放眼全球的眼界来定位华为的全球化发展之路。”不仅仅是手机业务，在其他电信设备的制造上，华为公司始终坚持细节优先的原则。

有些人可能并不会在乎细节，他们生产的产品技术很好、功能很强大，却因为造型不漂亮而被拒之门外；他们能够在最短的时间内完成工作，但是总有一些地方不那么让人满意；他们拥有强大的服务团队，可是服务却并不能算是高品质。虽然这些人做得很努力，可是一些细小的环节、一些最不起眼的小事、一些经常容易被忽略的地方，常常会让整体的工作效果大打折扣。

多数人习惯了重视那些大事、大方向，也习惯了将那些大事当成整体来看，但任何工作都像电影一样，它们只不过是由每个细节、每个小镜头拼接而成的，可以说工作本身就是由无数的小工作和小细节组成的，因此想要确保整体的和谐、完美，就要在细节上做足功夫，确保在细节上不出现失误。

任何人都要意识到一点：那些企业之所以会倒闭，并不是因为技术不行，也不是因为选择了错误的方向，或者因为一些明显的不足和缺陷；那些人之所以会失败，不是因为能力不行，也不是因为决策失误，更不是因为没有把握重点。他们的失败往往都是由于小问题引起的，是从一些不起眼的小事开始的，要知道，绊倒大象的并非都是大树，有可能只是一粒石子。

因此，厘清工作中的每一个细节非常重要，比如华为公司一直主张实施流程管理，这样每个人都能够在流程中准确地了解工作中具体发生了什么、明白自己具体应该做什么。更重要的是流程管理端正了每个人的工作态度，因为每个员工都必须对自己的工作负责，都必须对自己负责的环节尽心尽力，这样就能够确保每一个环节、每一个细节都被顾及，从而有效降低了细节上的失误给整个流程带来的伤害。

对于任何一个员工来说，都要坚持“态度决定一切，细节决定成败”的工作理念，在生产上应该积极提倡工匠精神，主张在细节层面改进和提升工作的品质，不要轻易忽略任何一个细节。在服务上，则应该注重客户的体验，要善于把握客户的消费心理，要在细节上做到位，给客户以最好的体验。比如，华为公司规定员工必须在响铃三次以内接电话；当客户上门时，必须立即起身；必须记住每一个客户的名字及其他信息。这些东西虽然都是细节，但是却能够让客户觉得心安，觉得受到了尊重。

如果说人们对于大事、大方向上的追求，是发展的需求，那么把握细节就是提升品质的关键，只有细节完美了，工作和服务才能完美，发展也才会更加顺畅。

9. 不要太崇拜技术

不要太崇拜技术了，成功不一定是技术。

——任正非

一家公司能够在竞争中生存下来并保持优势的因素有很多，而技术向来都是最受重视的那个因素，在多数人看来，技术往往代表着生产力，代表着生产效率，代表着发展的方向。正因为如此，很多企业都喜欢研究新技术，也都在想办法强化自己的技术优势；公司内部的技术人员也以研发各种新技术为首要任务，以掌握各种先进技术为第一选择。

企业和个人对于技术的重视，反映了时代的发展和变化，毕竟依靠资源和人力数量优势的时代已经渐渐远去，更多时候，质量、效率以及开创性成了主流。所以，在发展的过程中，技术常常会成为大家优先考虑的要素。

不过，任正非曾经建议员工不要太崇拜技术，这与其他人的看法截然不同，而且与他之前所提的“以技术为本”的理念似乎相矛盾。毕竟华为公司一直都专注于自己的技术研发工作，华为的成功从某种意义上来说也和技术的提升有关，否则华为公司也不会将40%以上的员工纳入研发部，不会每年都投入巨资来搞研发，他还多次表态：“华为最基本的使命就是活下去。技术开发的动力是为了生存。”

技术研发精神成了华为企业文化的一部分，不过这并不代表任正非以及华为的员工就要以崇拜的心态来看待技术。任正非非常了解技术的重要性，了解保持技术优势的重要性，但也清醒地意识到过度沉迷于技术的危害性。他曾经分析日本企业和美国企业，发现日本企业更加注重技术，而美国企业则在技术的基础上，注重实际的使用价值。比如，日本手机短小精薄，技术层面往往无可挑剔，但最终遭到了淘汰；而苹果手机的很多技术并不比别人先进，甚至有些落后，但它的销量比日本手机多得多，原因就在于苹果手机能够提供海量的软件，而日本手机过于崇拜和迷信技术，因此市场渐渐萎缩。

任正非以此为鉴，要求华为员工坚持正确的理念，不能把技术当成唯一的竞争优势，不能过分夸大技术的作用，更不能盲目地研发那些新技术。在华为公司，尽管每年都有大量的专利申请成功，不过华为公司的新产品却不多见，主要原因就是华为员工通常都只对产品进行改良，对现有的技术进行改良，而不是重新研发新技术，这种改良的成本相对要低一些，而实际的价值和功效却很高，往往可以有效提升工作效率。

此外，华为公司虽然每年仍旧会投入一大笔钱用于研发，但是相对于创业初期高达80%、甚至90%以上的技术投入，现在华为的资金分配更为合理均衡，原先用于技术研发的部分资金被调用到其他方面，比如市场部和客户服务部门。这样就能够确保产品的研发、生产、销售以及服务达到合理的平衡，企业的发展也会更加健康。

华为人的这种理念往往具有实际的功效，毕竟全世界每年都有很多新兴企业诞生，这些企业的最大优势就是技术出众，有些甚至是一些颠覆性的技术，可是对于技术的执着和迷恋并没有为它们带来更多的发展机会和更大的发展空间。仅仅在美国硅谷，每年就有大批新兴企业倒闭或者陷入困境，而造成这一现象的原因就是多数企业都想成为技术流，都想引领技术的变革。可是，当它们耗费大量的时间和资金研究出新的技术和产品时，却发现这些新技术根本无法融入市场，或者说由于太超前而没有办法被绝大多数人接受。

哈佛大学的管理学教授特蒙罗曾经提到过一个专有名词——“技术浪费”。所谓技术浪费，指的就是那些没有市场或者无法转化成实际价值的技术。研发者在掌握技术之后，没有办法将技术运用到大众生活当中，没有办法转化成商品，最终导致这些技术成为没有任何价值和意义的“垃圾”，因此成了摆设和浪费。

此外，技术浪费实际上也是资源的浪费，因为研发者通常会将所有或者大部分资金和其他资源投入技术研发中。而在技术研发方面的过量投入会造成其他方面投入不足，导致其他业务的滞后和弱化。

正因为如此，企业应该放下技术崇拜的心理，毕竟很少有哪个企业可以真正依靠技术优势称霸整个市场，也没有哪个企业可以在技术上完全领先其他竞争对手。很多企业始终坚持“唯技术论”的理念，盲目夸大技术的作用，盲目运用新技术。技术的提升，其根本目的在于运用，在于创造使用价值。只要能够提升生产效率，能够改变生活方式、工作方式，那么这项技术就有存在的意义；如果无法投入生产之中，无法用来生产出受欢迎的产品，无法切实提升生产效率，那么即便技术再先进，也没有什么利用价值。

因此，在面对技术以及技术改革时，一定要学习华为人的务实精神，要始终坚持实用价值第一的原则，只要这项技术有价值，就值得倡导，只要能够带来效率和效益，就值得运用。反过来说，如果毫无用处，或者收效不明显，就要坚决反对这种新技术。

10. 最好的防御就是进攻

我认为防不胜防，一定要以攻为主。

——任正非

任正非曾经说过世界上有两条防线是失败的：一条是法国人用来防御德国人进攻的马其诺防线；另一条是日本为防止苏联进攻中国东北而建造的十七个要塞。德军最终绕道比利时，避开了马其诺防线，而苏联红军则改道翻越大兴安岭，结果这两条著名的防线毫无用武之地。任正非认为华为的发展不能走防守的老路子，而应该加快速度进攻，因为无论自己再怎么防守，别人都会不断改进自己的进攻方式，都能够攻破自己的堡垒，只有不断发起进攻，才能越做越大，才能在竞争中站稳脚跟。

他还举了可口可乐与百事可乐的例子。可口可乐发展得很早，而且很快就建立起了广阔的市场，成了世界饮料市场的“托拉斯”（垄断组织），但可口可乐的主要市场在发达国家和地区。百事可乐起步很晚，不过却聪明地选择了在相对落后和贫困的第三世界国家发展业务，并且很快壮大起来。可口可乐一直非常担心百事可乐会抢走自己的市场，于是采取了固守发达地区市场的策略，结果百事可乐不断强大，开始与可口可乐发生正面交锋，并从可口可乐公司那里抢走了很大一部分市场。任正非说华为绝对不能走可口可乐的保守路线，而应该加足马力往前冲。

正因为坚持“进攻才是最好的防守”这种独特的发展理念，多年来华为一直以惊人的方式侵吞着国内外的市场，而华为所取得的成绩也有目共睹。实际上，在华为坚持实施“走出去”的战略时，公司内部有人质疑华为开拓国际市场的策略，他们认为华为已经在国内市场上占据了很大的市场份额，接下来只要守住国内市场，想办法保住并提升自己的市场份额，那么华为就可以活得很滋润，而且华为是有实力和能力抵御外来的入侵者的。如今冒险走出去，恐怕会在激烈的国际竞争环境下遭遇“滑铁卢”。

任正非反驳了这种观点，首先，他认为当时的国内市场已经不那么景气，如果固守的话可能会将自己困死在国内市场，对外扩张是唯一的出路。其次，任正非认为固守城池是一个企业衰落的标志，证明企业的发展到了极限，而像世界上最成功、最出色的公司，都是对外扩张和对外投资的，它们将业务扩张到世界各个角落。

正因为这样，任正非要求所有华为人都要转变思路，要培养进攻的意识，要敢于在国际市场发起进攻，只要有机会就要拿下，只要有了成果，就要想着得到更多。接着华为的第一批海外员工在俄罗斯市场接到了第一笔订单——价值16美元的业务。正是这16美元的业务让华为人打开了缺口，并且很快发动进攻，并在之后十几年里达到了每年几十亿美元的海外收入。在俄罗斯获得的成功并没有让华为人止步，他们很快在非洲、亚洲、北美、欧洲陆续开展业务，向传统的电信设备巨头发起了强烈的攻势，并最终依靠进攻成了世界上最出色的电信设备供应商之一。

华为的扩张和进攻恰恰是伟大公司的一种特质，经济学家认为那些最优秀的企业的组织结构和发展策略都是偏向进攻性的，总是会觉得外在的经济环境和竞争环境一直在催促它们保持进攻的姿态。

很多企业喜欢垄断，而垄断到了一定限度后，就会变得保守，并采取防御姿势。因为垄断者有了市场的话语权，它们能够主导市场的发展方向，能够给产品定价，能够给市场定性，所以免不了会制定规则。而规则永远是做给别人看的，永远是让别人遵守的，制定规则的人的目的就是防备其他人对自己造成威胁。这种身份的转变常常会让很多垄断者丧失进攻的欲望，变成市场上的保守派。

现如今的垄断组织越来越少，不过至今仍有很多企业坚持防守的理念，只要自己取得了一点成绩，只要获得了一定的市场份额，就会将主要力量用于保住自己的市场份额，完全丧失了进取心。公司内部从上到下也会产生知足的心理，会瞻前顾后，常常会想，“我做了那么多，应该够了”“别人会不会对我形成威胁”“我要防止其他人赶上来”。由于把心思放在防御别人的追赶和进攻上，心里想的都是如何保住自己的优势、保住自己的地位，所以他们在工作上没有任何进步，竞争力也会不断下降。

随着经济全球化的深入发展和市场竞争的日益激烈，保持活力成了企业发展的要务，而保持活力最重要的方式就是进攻和扩张，这是迎接挑战和保持竞争力的前提，也是企业发展的最大优势。为了提升华为人的进攻意识，华为公司内部设置了两个阵营，一个是红军，一个是蓝军。红军是流程的规划者和执行者，而蓝军则是反对者和竞争者，蓝军的目的就是发起进攻，否定红军的行动，并击败红军。通过蓝军的磨砺，华为人更加明确自己的竞争策略，强化了自己的竞争意识。

从发展的角度来说，专注于防守往往要调动和耗费更多的资源，要确保每一个方面都做到位，一旦有明显的漏洞，就会带来很大的危害，因此资源的需求量很大，投入成本也很高。而对于进攻型的企业和个人来说，进攻的时候只需要重点专注一两个方面，只要重点提升自己某一个方面或者某些方面的优势，就可以很快见效。因此，如果想要继续成长，就应该坚持以进攻为主，要懂得将进攻当作最好的防御。

第六章

华为的成功不是一个人的

伟大的公司总有伟大的企业文化，以及伟大的团队，对于华为而言也是如此。华为的成功更多地体现出强烈的群体印记，可以说正是因为拥有一大批出色的员工，拥有出色的合作团队，才成就了华为的辉煌业绩。华为的成功为其他企业指明了一条道路，那就是合作才是最好的发展道路，打造一个团结协作的团队，远远要比个人的努力奋斗更加重要，因为成功永远不属于某一个人，更不是某一个人就能够独自抓住的。

1.“胜则举杯相庆，败则拼死相救”

> 不管谁胜了，都是我们的胜利，我们大家一起庆祝；不管谁败了，都是我们的失败，我们拼死去救。企业文化就这样逐渐形成了。
>
> ——任正非

在绝大多数中国企业中，由于构建科学的管理体系起步较晚，加上协同文化不强，因此通常很难在企业内部形成真正的“组织化”，至多只是一些权责明确却相互独立的事业部，这些主体之间的联系并不紧密，常常处于相互竞争或者互不干涉的尴尬状态。而企业中的个体身上所具备的独立性通常要比团队性更强，个体通常喜欢各自为战，缺乏统一的管理和秩序。

相比之下，华为公司始终坚决倡导内部合作，建立起统一的目标，坚持流程化的管理模式，以复杂的矩阵式组织结构，将内部的不同机构、不同职位以及不同人员紧密联系起来，打造成一个整体性的、纵横交错的网络，从而有效地将事业分工和专业职能分工有机结合起来，使整个企业形成统一的、合作的团队。

正因为如此，华为内部各个部门之间的联系非常紧密，流程中的每一个环节都环环相扣，部门之间、员工之间都是相互影响、相互帮助的。在华为培训教材中，重点提到了大雁的合作精神，大雁每年在飞往南方过冬时会经历一段漫长而危险的行程，而大雁飞行时经常会采取“人”字形的群体飞行模式。科学家曾经对此感到疑惑不解，经过多年研究才发现“人”字形飞行的奥秘。原来，每只领头雁扇动翅膀时，会给紧随其后的大雁创造一股向上的升力，这样一来就能逐步帮助后面的大雁减轻飞行负担，而每当领头雁感到疲惫时，就会有另一只健壮的大雁进行替代。通过合作，整个大雁群可以减少一半的体力消耗，而且能够飞更远的距离。

受到大雁群体飞行的启发，华为公司采用了矩阵管理系统，要求各个职能部门相互配合，并通过互助网络及时做出反应。任正非说：“胜则举杯相庆，败则拼死相救。”他要求所有华为人都应该做群体活动，也许单个的力量并不那么出众，但是一旦成为群体，就会爆发出惊人的战斗力。有人这样描述华为公司：“他们的营销能力很难被超越。人们刚开始会觉得华为人的素质很高，但对手们换了一批素质同样很高的人，发现还是很难战胜。最后大家明白过来，与他们过招的，远不止是前沿阵地上的几个冲锋队员，这些人的背后是一个强大的后援团队，他们有的负责技术方案设计，有的负责外围关系拓展，有的甚至已经打入竞争对手内部。一旦前方需要，马上就会有人来支援。”

从这一方面来看，华为其实也算不得神秘，华为人的成功依靠的就是团队合作与群体行动，而这也是任何人想要获得成功的必要条件。尤其是在全球化的影响下，合作已经成为潮流，每个人都需要寻求更有说服力、更有竞争力的伙伴，谁成为孤立的个体，谁就会被其他团体所击败，毕竟合作能够产生更大的竞争优势，相互合作所产生的力量也绝对要比个人的能量要强大一些，而且办事效率也能够得到提高。此外，合作还能够有效降低风险。

结成统一的团结的整体是企业生存和发展的关键，毕竟合作并不是简单地结成一个团队，也不是简单地将所有人聚合在一起，合作应该是一种巧妙的策略安排。只有选择正确的合作方式，选择正确的合作伙伴，才能产生正确的效果，因此合作也需要把握好技巧。在华为人看来，要注意以下几项基本原则。

首先，合作是相互帮助而不是相互利用，是诚心诚意的协作，而不是利益交换。建立在利益交换基础上的合作并不稳固，不要觉得对方眼下没有什么利用价值，就不值得帮忙。真正的合作应该从一些小事开始，比如，平时发现同事遭遇困难或者陷入困境，应该及时出手帮助，而不要总是选择“事不关己，高高挂起”的态度。

其次，要善于寻找和自己互补的人进行合作，互补的合作方式往往会实现最优化的配置，双方的技术、资源和能力都可以发挥最大的优势，最终产生“1+1＞2”的效果。如果盲目寻找合作伙伴而不加以选择，那么很可能会产生负面效应，造成相互制约的情况。

最后，合作双方应该有共同的目标。华为人说：“力出一孔，利出一孔。”只有既拥有共同的目标，又保持共同的奋斗方向，合作双方才能真正形成合力，才能够保持行动的统一性和协调性。

很多人并不缺乏合作的技巧，只不过他们不喜欢与别人分享，但随着社会的发展，任何人想要获得更好的生存、发展机会，就必须迫切地培养共同发展的理念，包括共同的意愿、共同的法则、共同的价值观、共同的利益，应该主动把握好人际关系，在千差万别之中找到微妙的平衡，找到更多共鸣点。既然合作已经是必然的时代趋势，那么每个人所要做的就是确保自己尽快融入这个趋势当中，然后积极寻求更多优质的合作伙伴，打造更加团结的合作团队。

2. “你的贡献就是做好分内工作”

每一个环节对你的人生都有巨大的意义。你要十分认真地对待现在手中的任何一件工作，积累你的记录。

——任正非

在华为创业初期，由于管理不善，各个不同部门的员工之间常常会出现工作重叠、职能不分的情况，研发人员常常跑去搞生产，生产部的人又去跑市场，市场部的人则私底下搞研发，整个工作流程非常混乱，员工之间谈不上合作，每个人都在按照自己的意愿和理解来工作。

任正非说：“想要为公司做出最大的贡献，就尽量做好本职工作。”而为了确保合作效率，华为公司在管理中开始坚持合作分工的原则，合理安排并细化了所有部门以及人员的职责，每一个部门和每一员工都要坚守自己的岗位，做好分内之事。

比如，华为高层采用委员会制，包括董事会、审计委员会、财经委员会、人力资源委员会等机构，其中董事会主要负责重大问题的决策，而审计委员会、财经委员会、人力资源委员会等机构则对董事会进行监督，并且从旁协作，帮助董事会做决策。通过委员会制，可以确保公司高层机构相互配合、相互监督、相互影响，从而保证高层决策的科学合理。

华为的下层组织结构则更加注重分工的精细化、职能化和区域化，各个部门的划分更加精细明确，部门下设机构的职能也更加规范。像营销部门就分成了国外营销部和国内营销部，其中国内营销部增设了区域管理部和产品行销部，国外营销部增设了客户管理部和市场部，而下设的各个部门又会将工作分配给每一个员工。精细化的职能划分明确了各个部门和人员的职责，也确保了运作效率和团队合作的效率。

这种职能划分的目的只有一个，就是让每个员工都能做好自己的本职工作，而且也只有这样，整个部门乃至整个企业才会运作流畅。在管理学理论中，有一个“资源拥挤”效应，简单来说，就是如果所有或者大部分资源集中在某一个点上，并且资源总量超过了这个点的承受限度，那么就会出现混乱的局面。

在日常生活中，常见的“资源拥挤”包括员工一窝蜂地做某一个工作，结果由于人数大大超过了工作的需求，带来管理和协调上的困难，导致出现人力资源相互制约和浪费的情形。或者公司将所有资金投入某一个工作项目中，由于项目的研发资金太过充足而造成了资金的浪费。资源拥挤现象还会造成另一个不良的后果，那就是“资源短缺”，因为对一个企业或者个人而言，无论是人力资源还是资金、技术、时间，都是有限的，这些资源需要合理地分配到各个工作任务中去，一旦某个项目中投入了过多的资源（大大超过实际所需），就必然会影响其他方面的投入，从而造成资源的不足。

“资源拥挤”或者“资源不足”，体现了企业或者个人资源分配的失衡，但深层次分析往往是个人对本职工作的忽略，换句话说，如果每个人都能够像华为人一样坚守自己的岗位，做好自己的分内工作，那么所有资源就会按照工作需要实现准确分配，所有任务都会按照原先的部署情况顺利实施，这样就会将所有的工作引向正确的流程上去。

从企业发展的角度来说，员工们如果都能够保持上进心，都希望做出更出色的成绩，这的确能够创造更大的价值，不过所有努力、所有贡献都必须职业化、规范化，不能脱离管理和引导。把自己的本职工作做好就是最大的贡献，就是员工最应该做的。当每个人都坚守岗位，每个人都想办法将自己的工作做到更加出色，那么企业的各个环节都能够得到提升，并获得快速发展。从员工个人的角度来说，做好本职工作既反映了个人的职业素养，也体现出自己的优势。

华为人认为，要做好自己的本职工作，应该把握两个基本原则：一是做自己的本职工作；二是将自己的本职工作做到更加出色。首先，任何一个人都应该专注本职工作，不要花太多时间去做其他事，更不能做其他人要做的工作。简单来说，每个员工都严格按照流程工作。每一个员工都有明确的职责和任务，员工一旦被安排在自己的岗位上，就不能擅离职守，更不能干涉别人的工作。

其次，很多人都想要做得更多更好，但是这种“更多更好”应该建立在本职工作基础上，而将工作尽量做到更好，关键就在于把自己的工作做精做透，让自己的工作价值尽量最大化。比如，尝试着不断改进工作技术，想办法缩短流程，提升工作效率。

艾柯卡在接手濒临破产的克莱斯勒公司时，一直竭尽全力想办法扭转颓势，从而赢得了公司员工的支持。有一次员工们问他：“我们能为你做些什么？”艾柯卡回复说：“做好你们自己的工作就可以了。”后人评价艾柯卡时认为：“艾柯卡之所以能够改变克莱斯勒，就是因为他先改变了克莱斯勒的员工。”其实华为公司也一样，华为公司之所以能够从当初一个在困境中挣扎的小企业逐渐壮大到世界级的公司，就是因为每一个员工都能够在本职工作中发光发热。这些员工在自己的本职工作中走出了一小步，却成就了华为公司发展的一大步。

3. 个人英雄主义要不得

> 淡化英雄色彩，特别是淡化领导者、创业者们的个人色彩，是实现职业化管理的必由之路。
>
> ——任正非

作为华为的掌门人和代言人，任正非多年来一直试图淡化个人的影响力。比如，他一直都是一个非常低调隐秘的人，平时很少参加社会活动，除了会见客户之外，很少与外界打交道。这种低调的作风既是任正非个人品德和魅力的反映，也是他踏踏实实做好本职工作的印证，同时也表明了他不希望因为自己的抛头露面而增加自己在华为内部的个人分量，不希望外界过多地将他和华为等同起来的愿望。

在最近的达沃斯论坛上，任正非对媒体说："我又不懂技术，又不懂财务，又不懂管理，其实我就是坐在他们的车上，他们在前面拉，我出来看一看，别人就以为都是我搞的。"他之后也多次表示："（华为企业文化）不是我创造的，而是全体员工悟出来的，最多是从一个甩手掌柜变成了一个文化教员。业界老说我神秘、伟大，其实我知道自己，名不副实。真正聪明的是十三万员工，以及客户的宽容与牵引，我只不过用利益分享的方式，将他们的才智黏合起来。"他认为自己不过是"从一个'土民'被精英抬成了一个体面的小老头儿"。

任正非不仅努力降低自己的影响力，而且要求那些能力出众的干部以及技术骨干一定要保持低调谦虚的姿态，不能搞特殊化，不能搞个人英雄主义。他觉得一个企业最大的成功就是去英雄化，只有个人英雄主义消失了，企业才会更加健康，才会变得更加强大。

华为对于个人英雄主义的否定显示出了时代潮流下思想的进步，毕竟在一个讲究合作的社会潮流中，单打独斗的英雄时代已经过去了，单纯依靠个人就可以创造奇迹的想法变得不再现实。不仅如此，想要获得生存和发展的机会，就必须懂得融入团队之中，懂得与人紧密合作，过于孤立的个体很容易在激烈的市场竞争中惨遭淘汰。即便在合作中，想要获得更好的合作机会与效果，也要摒弃个人英雄主义的做法，要放弃让别人“靠边站”的想法，凡事都要与别人一起面对，凡事都要懂得尊重别人的意愿。

任何企业都需要英雄，但并不需要英雄主义，英雄与英雄主义永远都是不同的概念，乔布斯是英雄，扎克伯格是英雄，柳传志是英雄，宗庆后是英雄，任正非同样也是英雄，他们亲手打造了世界级的公司和品牌，但功劳不属于他们个人，而且他们也从来不会表现出个人英雄主义。

世界上最出色的足球运动员也无法在失去队友帮助的情况下赢得胜利；同样，也没有创业者能够独自一人创造出伟大的公司。一味突出个人的魅力表现，一味按照自己的意愿行事，只会破坏团队效应，只会伤害团队成员的工作积极性，而且即便个人真的做出了出色的业绩，往往也是以牺牲团队利益为基础的。

人人都喜欢英雄，也都尊重和呼唤英雄，但对于一个团队来说，所谓的英雄应该是团队荣誉，而不是一个个人标签，只有整个团队发挥英雄的作用和魅力，才能证明团队的强大，个人大搞英雄主义反而会打破团队的整体平衡，甚至制约团队的发展。因此，对于每一个人来说，保持自己和团队的一致性，确保自己的行动符合团队行动的方向与步骤，不能贸然行动，更不能为了让自己出风头而置团队利益于不顾。

有人认为个人英雄主义就是个性，限制个人英雄主义就是限制个性的发展，这样的说法完全错误。首先，企业或者团队都在尊重个人的价值和主观能动性，对于一些个性化的东西也会予以保护，但绝对不是纵容。个性的发展应该受到一定程度的约束，要确保个性与团队的目标以及利益相一致，要确保和团队其他成员相互配合。

为了避免和消除个人英雄主义，必须要让所有人都参与到工作中来，让所有人都能够出工出力，而且无论自己能否顺利完成，都要懂得与别人共同去做。在华为公司，只要有任务下达，那么该部门的员工都需要做好准备，每个员工都需要参与进去。在一些重要问题上，即便是任正非本人，也不能随便就拍板定案，而应该主动征求其他人的意见，尊重其他人的意愿。即便别人的想法和做法是错误的，华为人也会认真听对方把话说完，而不是急着反驳。只有像华为一样，重视每一个有价值的个体，群策群力，才能把工作做到位。

不过，合作并不意味着就是一起工作，团队成员在共同参与的时候，还要注意相互配合，要严格按照团队的安排行事，不能贸然行动。华为人讲究群体行动，华为老员工通常善于把握三个基本原则："做，一起做，有组织有纪律地做。"凡事讲究配合，绝对不会私自行动，而正是因为能够相互配合，才使整个华为形成一股合力，不仅在竞争中能够摧枯拉朽，在面对挑战时也能够固若金汤。

此外，消除个人英雄主义的前提就是让团队中的所有人都建立起集体荣誉感。其实在大部分时候，成功的光环属于领导，属于管理人员，属于团队中那些核心人物，而多数参与者总是默默无闻。这种成功的私有化实际上证明了一个企业、一个团队的退化，表明了公司对于普通员工的劳动成果不够尊重。所以，无论是企业还是个人，当他们在获得荣誉的时候，一定要懂得奖赏每一个做出贡献的人，而不是把功劳归结在某一个代表身上，成功既然是众人创造的，那么也应当让众人分享。

4. 独裁管理是对效率最大的破坏

> 干部体系要三权分立，行政主管有提名权，干部部和人力资源部有评议权，党委有弹劾权。
>
> ——任正非

1993年的某一天，技术部门的负责人郑宝用在部门内部召开并主持了一次非常重要的研发项目立项评审会，任正非当时也准备来参加这个会议，可是刚一走进会议室，郑宝用就直接对任正非说："这个会你就不用参加了，我会把结果告诉你的。"任正非微微一笑转身离开了会场。很多人都替郑宝用捏了一把冷汗，但实际上任正非并没有因此而责怪他。

在当时，郑宝用对技术方面的研究和把控比任正非要强很多，因此在技术和产品研发方面拥有绝对的发言权，任正非干脆放权给他，并给予了他有关技术和产品开发方面的决策权。任正非及时分享权力的做法使得郑宝用的才能得到了最大化的发挥。1995年，技术上不断获得进步的华为顺利完成了"农村包围城市"的战略目标，而且华为很快就在技术方面成了国内同行业中的领先者。

在民营企业中，很少有人能够像任正非一样愿意放权，事实上由于民营企业是由创业者个人一手创办的，创业者投入的资本、时间和精力最多，因此也拥有绝对的掌控权。在这种情况下，民营企业的个人标签意味非常浓，多数情况下都是一个人说了算，生产、经营、财务、市场、人事安排都是一手抓，而且通常实行独裁管理，别人很难插手。

很多专业的经济学家曾指出："中国的民营企业家对靠经济力而非政治力所获得的权力的享受时间还不长，因而他们在决定如何改造实现企业可持续成长所必需的利益分配机制和权力分配机制时显得有些优柔寡断。他们还在与自己的员工争利，与他们的下属争权。"

独裁管理往往会带来很大的问题，个人崇拜、个人英雄主义以及个人的强制干涉，会破坏企业内部的团队合作，带来更多决策上的失误，而且独裁管理会伤害下属们的工作积极性，甚至会引起内部的分裂。更加致命的是，独裁管理的存在会限制和抑制企业的发展壮大，因为一个人的决定不可能永远是正确的，一个人的想法也有诸多的限制和不足，独裁的管理方法往往会导致工作效率的下降和退化。

对于创业者和管理者来说，想要扩大企业的发展规模，管理人员就必须做出改变，主动下放手中的权力，让更多人参与决策，让各个部门都拥有一定的自主权和选择权。只有平衡管理者与员工的权力，才能在企业中创造一个健康的良性的权力循环系统。

消除独裁管理的影响应该是每一个企业，尤其是民营企业都在面对的难题，个人的权力欲望与企业的良性管理之间如何做到完美的平衡，是所有管理者需要解决的问题。在发展初期，华为也采取高度中央集权的管理模式，那时候的任正非拥有绝对的权力。有一次，他一声令下，结果分布于世界各地的上千名销售人员全部放下手中的工作，几天之内聚集到河南。这种绝对的领导权和支配权尽管在当时起到了很大的作用，可是也引起了任正非的警惕，他觉得一个优秀的企业不能让一个人说了算，为此他开始思考如何放权，如何让更多人参与到公司的管理和决策中来。

此后，任正非开始主动放权，在一些小事上，他干脆让下属自行处理，对于一些重大事项，他也尽量进行民主决策，让更多人参与到讨论中来。对于很多自己不太了解的项目，他就大胆让有能力的人管理和负责。此外，他也开始收缩自己的权力，尽量将权力进行分化，比如，从2010年开始，华为推出在董事会领导下的轮值CEO制度，目的是为了防止将公司的命运和成功系在某一个人身上。这种开放的、民主的、灵活的方式确保了华为公司能够稳健前行。

通过放权和分权管理，任正非将华为的管理水平带到了一个新的高度，各级干部也对分权管理有了更为明确的认识，因此华为公司很快形成了独具特色的管理体制。华为各级干部也掌握了分权的技巧，并提升了分权的意识，在管理的时候，他们往往注意坚持以下几个原则。

首先，将专业任务安排给专业人员负责。对于任何一个管理者来说，不可能在所有的业务管理中做到面面俱到，总有一些盲点存在，总有一些地方是自己不擅长的。为了确保工作效率，最佳的办法就是让专业人士去处理，技术能力强的，就授权让他负责技术研发；熟悉产品生产业务的，就授权给他管理生产；精通财务的，就安排他去管理财务。只有做到专人专用，只有将权力释放到那些专业人才身上，才能将专项任务做好。

其次，要坚持民主决策。一个人做决策很容易，但是想要将决策做对，想要创造一个更为合理的结果，最佳的方式就是让更多人参与决策，让他们提出自己的想法和建议，以此来丰富和完善相关的理论。更多人参与讨论，更多的头脑风暴，往往意味着更多合理的建议，也意味着更少的错误和更低的风险。管理者永远都要记住一句话：“一个人的智慧永远比不上众人的想法。”所以，在做出某个决定之前，不要忘了提醒一下自己：别人会有什么样的想法和观点呢？

最后，不要让权力高于制度与规则。独裁管理的出现实际上是一种权力失控的现象，根本原因在于管理者个人对于权力的过度追求，并导致个人权力凌驾于企业现有的制度和规则之上，结果导致整个企业的制度成为摆设，甚至成为管理者个人的管理工具。所以，想要实现分权，想要消除独裁管理，首先就应该服从企业的规章制度，要严格按照规章制度办事，不能随意忽视和践踏制度中的规定。

不仅仅是华为，如何避免独裁管理是很多企业都会遇到的问题，尤其是一些民营企业更是如此。企业的管理者和创业者想要在短时间内消除独裁管理的影响往往很困难，不过只要坚持正确的管理方法，企业的管理就一定能够慢慢走上正轨。最基本的是要抛弃“企业是个人的企业”的错误想法，并坚决坚持“企业始终是大家的，是所有管理者和员工的”的理念，只有这样，企业的个人管理模式才能慢慢变成大家共同的管理模式。

5. 首先是华为人，然后是自己

任何时候都要以公司利益和效益为重，个人要服从集体。任何个人的利益都必须服从集体利益，将个人努力融入集体的奋斗中。

——任正非

有人曾经说过："华为公司是一个矛盾体，它可能是个人烙印最强的一个中国企业，同时也是个人印记最弱的企业。"个人烙印最强指的是华为人的强大实力，从华为走出的员工基本上都能够在其他公司找到不错的工作。"个人印记最弱"，实际上指的是华为人对个体身份的同化和隐藏。

为什么华为会集了大量的高素质人才，却没有出现各自为战的个人主义？为什么华为聚集了最顶尖的人才，而外界所知的却只有一个共同的名称——华为人？从企业文化的角度来说，原因在于华为公司一直在倡导以对人格尊重为前提的团队精神。从进入华为的第一天开始，员工们就会被强制性地灌输这样一个理念："你首先是一个华为人，然后才是一个自我的个体。"在华为公司，每一个员工都有自己的工号，这个工号就是华为人的标签，老员工们有时候会打趣地说："恭喜你，你是华为第×××号。"这些话其实显示出了"华为人"这一称号已经成了每个华为员工心中的一个标签。

正因为把自己看成了华为人，每个人在工作的时候，往往能够以公司的利益为重。比如，华为公司在海外承包了很多工程，每一个工程都有专门的负责人，这些工程项目往往是"香饽饽"，管理者和负责人往往有利可图，但实际上在华为公司很少发生贪腐现象，也没有人会在承包工程的时候中饱私囊。之所以会这样，一方面是因为华为严格的用人制度和监管制度，另一方面就是华为人的自觉，这种自觉就是一种集体意识。

此外，很多人说华为海外员工的生活非常枯燥也很苦，常常要加班加点地赶工，但是很少有人会在工作中懈怠，因为懈怠就会导致工程延期，也会影响工程的质量，进而影响华为公司在海外的声誉和形象。作为执行任务的华为员工，他们时时刻刻都在注意自己的工作形象和工作态度，因为他们深知自己的表现代表着华为的形象、品牌与前途。

“华为人”的称呼体现了华为员工的集体主义思想，这种思想和精神也是所有企业最需要的，企业在招聘员工的时候，往往最看重能力，但很可能因此忽略了员工的职业素养，忽略了员工对于工作、对于企业的态度。在提到公司内部的跳槽现象时，谷歌公司的老总拉里·佩奇曾经无奈地表示：“我们不缺少能力出众的人才，而是缺少把谷歌当成家的职员。”在人才流动性越来越频繁的今天，如何留住人才成了一个世界性的难题，各大公司都在许以高薪、要职，或者给予更多的股权，可是问题依然存在。

从管理的角度来说，很多管理者和老板做得已经很不错了，但是他们同时忽略了一个本质问题，那就是员工归属感和主人翁意识的缺失，才是员工始终坚持以自己的利益走向为主导的原因。由于缺乏集体意识和主人翁精神，员工在工作中经常会表现消极的一面，会在个人利益与集体利益发生冲突时，毫不犹豫地选择满足个人利益。比如，当员工觉得自己疲劳或情绪不佳时，就会故意表现出懈怠；当员工觉得待遇不佳时，就会选择跳槽；当员工觉得自己有利可图时，就会置公司的利益于不顾，甚至损害集体利益。

这种缺乏职业道德的表现就是一种身份感的缺乏，员工没有在企业中建立新的身份，没有和企业融合在一起，因此个人的身份感会越来越强烈、越来越突出。这对任何一个企业来说都是一个重大的挑战，包括在人员任用和工作环节的把控上都会遭遇困难。

针对这方面的问题，华为公司采取的做法是“股权分配”和高工资、高奖金的物质激励；尽量安排员工在合适的岗位上工作，确保员工不会产生不适感；让每一个员工都能够参与团队项目，提升他们的团队合作意识。此外，华为的管理人员经常关心员工的工作和生活，平时也加强沟通和交流，从而确保员工不会感觉到自己被孤立和忽视。

从企业和管理者的角度来说，只有让员工感觉到自己是企业的一部分，只有帮助员工建立起团队意识、集体荣誉感和责任感，才能够让员工自觉地努力工作。不过，对于员工个人来说，融入企业并建立起足够的企业文化认同感非常重要。依据马斯洛需求层次理论来说，员工拥有自我实现的最高需求，而想要达到自我实现的目的，就需要拥有一个良好的发展平台。换句话说，只有企业发展好了，员工才会有更大的发展空间；只有企业完成了发展目标，员工才有机会实现个人的目标。

所以，员工要做的就是尽心尽力去实现集体的工作目标，去帮助企业达到发展的目标，这就是集体意识的一种表现。而要真正培养出集体意识和归属感，最直接的方法就是尽可能地参与群体活动。华为人总是以团队的方式进行工作，如果每个员工都能够像华为人一样共同行动，就能够在工作中建立起深厚的友情，还能提高工作的默契度，最重要的就是建立了一种归宿感，所有人都会觉得自己就是团队中的一分子。

员工还必须积极主动地为公司的发展出谋划策，尽心尽力地为管理者提供好的建议。在很多公司，员工都不喜欢开会，或者开会时不认真，当领导征求意见时，没人愿意发言或者随便应付几句，这些都是不负责任的表现，员工应该积极培养自己的责任感和荣誉感，主动参与讨论，为公司的决策提供自己的建议，这些建议不一定能够被采纳，但是这种主动性能够增强员工的存在感，也能为他们赢得更多的关注。

此外，集体意识的培养应该源于一种习惯，所以员工在做事之前应该想一想这样做是不是对公司有利、会不会产生负面影响、有没有违背公司的规定。一旦养成思考的习惯，就能够潜移默化地影响自己的工作理念和工作方法，并慢慢将公司的利益放在首位。

简而言之，员工要懂得主动融入企业生活和工作中去，这就是一个同化的过程。而当一个人真正成为企业的一分子时，所有人才会愿意给予信任；当一个人真正做到以团队、集体利益为先的时候，他的行动才会变得更有意义、更有价值。

6. 保持开放和分享的姿态

> 公司长远坚持开放的政策，是从来不会动摇的，不管任何情况下，都要坚持开放不动摇。不开放就不能吸收外界的能量，就不能使自己壮大。
>
> ——任正非

很多职员在职场上会遇到这样的问题：当自己手头缺少文件时，往往很少有人愿意分享他们的资料；当自己面对困难时，往往不知道该找谁解决，各个主管之间往往相互推诿，谁也不愿意负责；当自己想要去其他部门查找资料或者获取信息时，往往被对方以“不是自己人为由”而拒之门外。之所以出现上述情况，就是因为公司内部各个部门或者员工之间的封闭性、竞争性大于合作性，而企业内部的这种封闭和孤立，往往会破坏公司的合作精神，影响整体的工作效率。

在华为公司却不会出现这种情况，华为公司建立了非常完善的共享机制，比如资源共享、信息共享、人员共享，因此无论任何一个部门或者员工有需求，其他部门和员工会在第一时间给予足够的支持。比如，当一个华为员工提出客户接待的需求时，就可以通过电子流来提出相关的申请，这个时候，其他部门会在第一时间内自觉地为他提供各种必要的帮助，并配合他处理好客户的接待工作。这种方式有效提升了工作效率，也体现了华为的工作精神和团队意识。

任正非多年来致力于建立开放和分享的企业文化，致力于打造一个开放的企业，他主张让每个部门、每个员工都能够结成利益共同体，能够相互帮助、相互信任。经过多年的改进和管理，华为公司成了一个内部各个部门联系紧密、沟通流畅的企业，无论是研发部、市场营销部、财务部、管理工程部还是其他部门，既分工明确，同时也一体化，任何一个部门都可以与其他部门进行信息共享和资源共享，任何一个员工都可以将自己所掌握的有用信息反馈给其他需要的人。

对于一家企业来说，开放性和分享性体现了企业文化的优劣，有的部门和员工喜欢藏私，就是担心自己的资源或者信息优势会被对手知道，因此不愿意与他人分享。另外，由于涉及业绩的考核以及奖金、升职等问题，企业内部的竞争非常激烈，因此没有谁愿意冒险去成全他人。为了确保得到更多的私利，公司内部各个部门或者员工自然会选择让自己更加封闭和独立。

在这种情况下，部门之间与人员之间不仅难以形成整体，而且还会相互制约、使绊子，造成企业运作出现问题。这是一种非常不健康的企业文化，往往会破坏企业的整体协作能力，限制企业的发展。

比如，对于员工个人来说，不愿意帮助别人或者刻意和别人保持距离，只会影响同事之间的关系，甚至被人孤立起来。而且下一次当你需要帮助时，别人会以同样的方法对付你。另外，不希望与人分享自己的信息和资源，表面上是限制别人的发展，但实际上是限制了企业的发展，也阻碍了老板获得更多的经济利益，所以当你觉得阻碍了对手的发展会对自己有利时，恰恰将自己推入险境，因为老板绝对不能容忍他人损害自己的利益。

所以，对于企业来说，一定要培养一种开放性的文化，而员工也要懂得在工作中与别人进行分享，这种分享包括资源分享、信息分享、利益分享等。

在资源和信息分享方面，员工应该坚持一点：一定不能藏私，只要是对别人有用的东西，就不妨大方地与人分享。比如，一些对他人有用的信息也要及时反馈过去，而不能视而不见；对于别人所需的文件和资料，要懂得在第一时间给对方；对于自己的工作经验，如果别人想要来请教，就要懂得和盘托出，真诚相告。

而在利益分享方面，员工应该培养集体荣誉感，要懂得将功劳和业绩归于团队中的所有人，也要懂得将各种奖励、奖金拿出来与人分享。比如，任正非一直提倡“工者有其股”的理念，尽量让每一个为华为做出贡献的人都能够享受到华为公司的股利，因此虽然他是华为的创始人，但是多年来一直在主动稀释自己的股权，最终将自己的股份控制在1.42%左右，而其余98.58%的股份被分给了华为的管理者和员工。

任正非的举动给所有华为人都做了一个榜样，大家都养成了保持开放、共同分担、相互分享的习惯。比如，华为人在得了奖金和福利后，第一时间想到的就是请同事吃饭，几乎每次一发工资或者发奖金的时候，总是有一些人要带着同事下馆子，这种吃饭实际上体现出了华为人利益分享的意识。

心理学家认为人在本质上是自我封闭和自私的，通常有贬斥他人和自我保护、自我满足的倾向，因此多数人可能并不喜欢与人分享，并不喜欢将自己的东西无条件地献给别人，有的人甚至会觉得这是自己的一种损失，弄不好还会削弱自身的竞争优势。可是从生存和发展的角度来说，一个孤立的企业是难以生存下去的，而一个孤立的个体也无法获得长足的发展。由于个人的能力和资源都很有限，想要真正立足，最好的办法就是尽可能地与人合作，就是要想办法协作，就是保持开放、分享的姿态，只有保持开放才能打通和消除人与人之间的隔阂；只有保持分享，才能实现资源的最大化利用，才能实现真正的互助合作。

7. 团结一切可以团结的人

> 华为公司在用人上，最大的特点就是承认自然领袖。你团结的人越多，帮助的人越多，大家就越拥护你，拥护你的人越多，你就会成为自然领袖。你是三个人的领袖，你就是销售经理；你是二十多个人的领袖，你就是片区经理。你若能团结更多的人，就能做更大的经理。
>
> ——任正非

2001年，IT危机蔓延至全球，IT企业纷纷倒闭，华为公司也面临着极大的压力。为了尽快摆脱危机的影响，华为不得不加快国际化步伐，当时华为将目标锁定在美国市场。不过美国的思科公司对于华为的到来非常忌惮，毕竟在中国市场上，华为在高端市场的强势表现已经让思科公司感受到了巨大的威胁，现在华为公司直接将矛头指向了思科公司的大本营——美国市场，这是思科公司难以忍受的。

为了阻止华为，2003年1月23日，思科公司突然起诉中国华为公司，认为华为公司侵犯了思科公司的知识产权。由于身在美国，加上美国人对知识产权向来重视，因此这个官司让华为公司承受了不少压力，很多人都觉得想要在美国胜诉，概率很小，毕竟美国政府向来都有贸易保护主义的倾向。

就在左右为难的时候，华为人想到了一个非常绝妙的点子，宣布与3Com公司组建合资企业——华为-3Com公司，也就是H3C。实际上，虽然华为早前也有意向和对方合作，但是意向并不那么强烈，而且和3Com合资虽然能缓解部分资金压力，但不能减轻当时面临的生存压力。不过，在思科提起诉讼之后，华为人发现了合作的另一个好处，那就是华为公司可以依靠对方的影响力来赢得这场官司，3Com公司在美国政商界都有着非常好的关系网，如果双方实现合作，那么一旦华为败诉，很可能会影响H3C的品牌和运营前景，3Com没理由不出来帮忙。随着官司越来越深入，3Com公司果然站出来为华为做证，称华为没有侵权行为，思科公司再也无计可施。

不仅如此，华为公司渐渐发现了合作带来的深层意义，3Com公司在美国本土具有一定的优势，因此合资公司的成立能为华为在美国市场打开局面。可以说，与3Com公司的合作不仅能增强华为与思科对抗的砝码，还有利于华为开拓美国市场，因此堪称合作典范。

而在华为公司中，这样的合作还有很多，在华为人看来，只要对方具有合作的意义与价值，只要能够带来发展的机会，那么就可以也值得去协作，就值得想办法开展切实的合作项目。“团结一切可以团结的人”向来是华为人坚持的合作理念，无论是志同道合之人，还是相互竞争的对手，或者是毫无交集的对象，只要有合作的契机，就可以主动去结交。

任正非认为合作是发展的大趋势，企业应该积极寻求合作，而员工个人在发展过程中同样需要合作，要善于接触不同的人，要善于寻找商机以及合作的契机。所以，他鼓励员工要主动接触更多人，不仅要和同事进行合作，要和上下级进行合作，还要懂得与其他部门的人进行合作，甚至是和企业之外的人协作，只有尽量团结更多的力量，才能减轻发展的压力，才能增加发展的机会，同时提升个人的能力和优势。

社会学家认为人力资源的利用价值想要得到提升，方法有两种：第一种是人脉的扩张，也就是说个人在社会交际当中应该不断突破现有的交际范围，尽量建立更为广泛的人际关系网；第二种就是关系范围内的人力资源的充分利用，因为在交际范围内，并不是所有人都和自己有深交，并不是所有人都被当成值得信赖和托付的朋友，一些相对疏远、相对陌生的人完全可以建立起更好的关系。

无论是哪种情况，核心思想都是尽可能地结交更多人，而结交的目的自然是为了团结，为了借势。这种借势应该建立在相互信任或相互需要的基础上，而且需要一定的利益往来，所以在团结这一类人的时候，首先就要重点团结有着共同理想和共同目标的人。拥有共同目标或者价值观的人，通常能够找到更多的共同利益以及共鸣点，在合作方面的分歧和压力会比较小，双方合作的意愿会比较强烈。华为人与客户进行谈判与合作时，始终坚持将共同目标、共同利益放在首位，始终将双方归为同一类人，因为他们深信共同的目标和利益往往是维系合作的基础，更是一种保障。

其次，要主动团结拥有不同意见的人，把所有的干部员工都看成实现自己或组织目标的战友和伙伴，即便是意见不同甚至相互对立的人，也要想办法进行拉拢。要做到这一点就要处理好双方的关系，建立起强大而稳定的人脉，不能因为意见不同、想法不同就当成敌人来对待，要在对立中寻找统一点，要寻求共同的目标。华为人就非常善于运用灰度理论，他们并不以是非黑白的标准来评价别人，而是尽量模糊自己与他人的界限，创造灰色的观点，主动去包容其他不同的理念和意见，并懂得进行换位思考。

不过，需要注意的是，“团结一切可以团结的人”并不代表团结所有人，这是两个不同的概念。想要获得更好的合作效果，想要建立起更完美的团队，就要团结那些有意愿、有能力、能够干成事且具备团队意识的员工，而千万不能为了团结而团结，这样做可能会招来一些没有上进心、没有能力也缺乏合作精神的人，从而影响团队的工作效率，甚至反过来会降低自己的竞争力。

华为公司有这样一句口号：动用身边一切值得动用的资源。在企业中，人一直都是最大的资源，利用身边的人力资源，团结身边值得团结的人，这样才能确保自己的竞争优势达到最大化。

第七章

沟通与交流是一门技术

在很多时候，之所以会出现工作效率不高的情况，不是因为能力不行，而是因为沟通出了问题。良好的沟通交流是确保工作顺利执行的关键，也是团队合作的基础，只有沟通工作做到位，所有的工作才会更加顺畅。管理学家彼得·德鲁克说：“一个人必须知道该说什么，一个人必须知道什么时候说，一个人必须知道对谁说，一个人必须知道怎么说。”这些就是沟通的窍门。

1. 懂得向别人说“不”

不要只做我告诉你的事，请做自己需要做的事。

——任正非

在办公室里，通常都会有一些有求必应的老好人，无论别人有什么请求，他们都会全力以赴地去做，甚至不惜浪费自己的工作时间，不惜动用自己的资源，这类人通常有着很不错的人缘，同事们喜欢他，领导们也经常愿意托付他们办一些事。这种人往往做得最多，但工作效率很可能是最差的，因为他们由于忙于应付各种事情而忽略了对本职工作的投入。

很显然，公司里的大忙人，往往也是公司里的大“盲”人，因为从工作的角度来说，这种大忙人已经触犯了职场的最大禁忌，毕竟工作的本质就是为了尽可能地创造更大的价值，如果因为其他事情耽误了自己的本职工作，影响了自己的工作效率，那么就是最大的失误。即便是再紧密联系的企业，即便内部的沟通交流非常顺畅，也不意味着员工可以尽情地互帮互助，做到有求必应。毕竟每一个人都有自己的本职工作要做，都有自己的办事原则和工作方法，因此不可能无条件地答应所有人的请求。华为人就坚持不打扰别人也不被人打扰的原则，他们不会主动去打扰别人的工作，也会在别人打扰时想办法予以拒绝。

也许很多人早就想要脱掉“老好人”的帽子，不甚合理的请求和源源不断的求助也让他们感到无奈，但是却苦于不知道该如何拒绝别人，毕竟他们也一直想要讨好上级，想要处理好与同事之间的关系，不得不有求必应，不得不到处当好人。“害怕得罪人”“害怕伤害别人”，成了最常见的理由，也成了最大的心理障碍和沟通障碍。

对于这些人来说，向别人说“不”并不那么容易，尤其是向领导说“不”更是不容易，尤其是一些新员工，更是不会轻易拒绝别人，他们往往会害怕因为拒绝而被人孤立，被人当成异类。这的确是一个社交难题，但对于华为人来说，这往往不成问题，因为工作永远是最重要的，在工作面前拒绝一些礼节性的交往也无可厚非。不过他们在拒绝别人的时候，并不是盲目而草率地直接拒人于千里之外，而是懂得把握一些沟通技巧。

比如，很多华为的员工懂得以工作为幌子，推掉不必要的麻烦事，一旦别人找上门来，他们会告诉对方自己工作很忙，时间安排不过来。哪怕是当上司安排额外的任务或者一些私事时，他们也会及时地提醒对方自己手头有一大堆工作还没忙完，没有时间也没有精力把额外的事情做好。

对于一些不怎么合理的事情，他们会表现出为难的表情，委婉地告诉对方自己不方便做这种事；告诉对方自己从未做过这种事，可能会把事情搞砸；或者直接采取回避态度，只要对方提起帮忙的事，就故意岔开话题，以便能够委婉地给对方一点暗示。

如果没有更好的理由拒绝对方，多数华为人就会采用拖延的方式，告诉对方等过一段时间再做，这样既可以避免直接拒绝带来的伤害，也可以造成一个合理的缓冲，他们就可以在往后拖延中争取更多的空间与时间，还能让对方知难而退。

当然，向别人说“不”，并不意味着所有的事情都要拒绝别人，拒绝别人需要充足的理由，也需要把握一些正确的原则。要懂得什么事情可以拒绝别人，什么事情则应该伸出援手或者坚持照办。在这一方面，华为人同样有着自己的工作原则。

第一，绝对不会轻易在工作期间帮忙，因为在工作期间离开或者做其他事情，属于严重的渎职行为，这是一种不负责任的态度。而且在工作期间帮忙，很容易打乱自己的工作计划，浪费自己的工作时间。

第二，绝对不在上班期间做一些与工作无关的事，当领导要求帮忙处理私人信件或者当同事要求帮忙解决家庭纠纷时，坚决说“不”。因为华为人觉得这些事与工作无关，自己没有必要掺和进去。

第三，拒绝做一些无关痛痒的小事。华为人认为相比于本职工作来说，将时间浪费在一些无关痛痒的小事上就是最大的过错。

第四，凡事量力而行，绝对不会出头帮忙做那些自己无能为力的事情，华为人明白盲目逞强只会让自己陷入困境，而且会消耗自己大量的时间和精力。

第五，违反公司规定和工作原则的事情不做。很多华为员工都有明确的工作原则，而违反公司规定和原则意味着对自己的背叛，意味着对企业的不忠。

在华为公司，无论是领导还是老员工都不能随意安排其他员工做一些与工作无关的事情，也不能让其他员工受到干扰，而且每个人都要明确自己工作的第一目标和第一要务，不能放着本职工作不管而去管别人的闲事，一旦发现此类事情，相关人员就会受到严惩。通过制度的约束，每个华为人都能够时刻以工作为重，不轻易在其他事情上浪费时间。

对于其他人来说，应该懂得像华为人一样强化自己的本位意识，不能轻易被外来因素所干扰。因为对任何一个人来说，工作始终是最重要的，工作业绩始终是关乎个人生存和发展的最关键要素，千万不能因小失大。

另外，很多人都喜欢主动地、更多地与人进行交往，喜欢与他人建立起更为亲密的关系，而且这样做的确能够在工作中起到重要的作用，但是如果将人脉的维持和强化仅仅建立在“为他人服务”的基础上，显然并不可靠，相信那些委托办事的人也并非都是诚心诚意地想要交朋友。

所以，无论是谁都应该坚持一点：自己在与别人进行交往的过程中，一定要做好自我保护和自我防护的相关措施，帮助别人很重要，但是也应该懂得适当、理性而机智地拒绝别人，只有聪明而睿智地向别人说“不”，才能够在工作和人际交往中找到合理的平衡。

2. 领导并不都是顽固的

我的优点是民主的时候比较多，愿意倾听大家的意见。

——任正非

很多企业注重建立健全顺畅的沟通机制，尤其是鼓励上下级之间进行沟通和交流，而不是坚持原先的命令下达和工作汇报这两种基本情况，增加更多有助于提升工作效率的沟通方式成了企业管理的一个重要任务，比如，让员工更加积极主动地参与公司的决策，给上级提意见或者建议。这是一个企业进步的标志，不过在很多时候，员工却缺乏主动性，多数人都会想“还是算了吧，老板肯定不会听我的”，或者认为自己没有必要自讨苦吃。

员工们之所以会产生这种消极的情绪，理由无非有以下几种：领导们向来好面子，肯定不会接受下属的建议；自己过去提的意见和建议多半都被忽略了，现在提建议恐怕也会落得同样的下场；建议提好了还好，没提好的话反而要遭批受罚。这些理由听起来都很合理，而且重点都指向了上级领导身上的缺点——太过顽固。

在很多员工心里，领导的固执几乎成了一个标签，在他们身上，员工可以轻易地找到类似的缺点，比如，自作主张，不喜欢听从别人的劝告，不喜欢听建议和意见，知错也不悔改等。这种想法实际上是一种惯性思维，很容易让员工对上级领导产生偏见。任正非曾经对新入职的员工说：“不要将领导干部当成洪水猛兽，干部们也不是老顽固，有些意见和建议还是应该主动提出来为好。”在任正非看来，华为公司应该创造出民主的氛围，要让员工敢讲真话，多讲真话，如果每个人都将话闷在心里，那么华为的进步也就无从谈起。

无论是华为公司还是其他公司，领导们并没有想象中的那样顽固和不讲理，员工们在与之沟通时之所以出现想法不被理解、不被采纳的情况，原因有时候并不在于领导，而在于员工自己。比如，员工在沟通时是否提出了正确的理念和想法？想法错误的话，领导自然会毫不留情地排除掉。员工在沟通时，是不是把握住了正确的时间和正确的场合？当上级领导正在开会、正在发言，或者正在接见重要客户时，你的所有提议都会被视作无效。此外，当领导在发脾气的时候，也不要毫不识趣地提一些主张。

事实上，员工们在抱怨领导们顽固时，更应该懂得反省自己的行为，看看自己是否使用了正确的方式方法来进行沟通。方法对了，效果也就会更好；方法错了，自然免不了要无功而返，所以掌握正确的方法对于沟通交流有着很重要的作用。

首先，永远不要和领导唱反调，这是最重要的一点。所以，员工在和领导进行沟通时，应该确保自己的想法和领导的理念没有太大的冲突；如果有的话，即便领导的想法不合理，也不能坚决予以反驳。华为员工的沟通要义之一就在于不和领导的理念直接起冲突，如果想要纠正领导的错误想法，最好的办法就是绕着弯子去慢慢说服。

其次，交流或者提建议之前要做好充分的准备，而不能一有想法就头脑发热地前去给领导支招儿，因为领导很有可能会针对你的想法来提问，如果出现一问三不知的情况，自然就难以赢得信任。所以，在提议之前最好还是做好充足的准备，将所提事项弄清楚，这样才不会在提问时手足无措。华为员工在提出自己的主张之前，通常会反复研究并论证想法的合理性，还会提供切实可行的方案来进行佐证，这样在领导提出质疑的时候可以快速有效地做出合理的解答。

再次，员工要懂得主动换位思考，平时应该想一想领导为什么不赞成自己的想法，为什么会将自己的建议束之高阁。而且不妨换个位置想一想，如果自己是领导会不会接受这样的建议？会不会提出不同的看法？经常站在领导的角度想问题、看问题，就能够找准领导的想法和意图，这样员工才能够更有针对性地改进自己的建议。华为人在接受培训时，重点培养的就是换位思考的能力，猜测上级领导面对问题时会做何反应，会有什么样的看法。

最后，凡事要讲究事实，仅仅依靠自己猜测或者推测而来，而缺乏事实依据的东西，领导通常都不会接受。在华为公司，员工提出任何一个工作建议时都需要尽可能地找到具体的数据来支撑。比如，研发人员想要提出一个好的改进工作技术的建议，那么首先应该提供一份方案，然后要研究清楚这种改进后的技术需要花费多少成本，运用后能够节省多少时间，能够产生多大效益，效率要比原先的技术高出多少，每一项都需要用准确的数据来证明，这些数据就是事实，就是说服领导最好的东西。

所以，平时在工作中一定要像华为员工一样掌握科学合理的沟通方法，这样才能在提意见或者建议时受到领导的欢迎，才会让自己的想法和主张赢得领导的尊重。其实，除了掌握合适的方法之外，保持主动性永远都是一个关键要素，领导也许真的很顽固，也许真的不喜欢有人在自己面前指手画脚，但员工的主动沟通至少能够为自己争取更多的机会。在华为人看来，“你提了要求，领导可能会给予关注；你不提建议，就永远不可能获得关注”，主动去接触老板的人，往往能够获得更多自我表现的机会，这是一个最简单的概率问题，做了就会有一定成功的机会；而不做的话，成功的概率永远都是零。

3. 向上级汇报的基本原则

> 我觉得要求汇报工作是一件好事，员工不应该对自己的上级有什么抵触。
>
> ——任正非

职场中，最重要的并不是员工做了什么，而是让领导知道员工正在做什么，或者说知道员工做了什么，领导或者老板永远都希望掌控整个工作流程，尤其是要了解员工的工作进度，因此要求员工经常向上级汇报工作总结、工作进度以及相关的问题。汇报是工作中一个重要的组成部分，最常见的有工作总结以及日常工作中对相关问题的反馈，无论是哪一种汇报，都要求掌握正确的方法。因为工作汇报关系着工作执行的效率，汇报不准确、滞后或者方式不正确，都可能会让上级做出错误的判断和决策，从而给工作的执行带来困难。

华为公司非常重视培养员工的汇报意识与汇报习惯，任正非本人就经常在内部会议上主动做工作汇报和总结，他还倡导其他人和自己一样进行总结和规划，以确保自身发展的方向，发现自身存在的问题和不足。为了强化落实这样的习惯，华为公司规定每一个员工都必须做好每周、每月、每个季度以及年终的工作总结报告，如果有人延迟或者遗忘了报告，就会被扣除部分奖金。正因为如此，员工们每隔一段时间就要写工作总结和工作心得，并将其汇报给上级，领导则根据汇报中的内容给予回复，指出工作中的不足和亮点，同时给予一些中肯的建议和意见。

通过经常性的汇报，员工与领导之间的联系往往会变得更为紧密，彼此之间的交流也更加顺畅。一方面，员工可以在总结和上级的反馈中了解自己的优点和缺点；另一方面，领导也能够及时了解员工的工作状态，了解工作中存在的问题，这种沟通机制实现了双赢的效果。

汇报往往能够起到很大的作用，但为什么有的人做了重要的汇报，可是领导却无动于衷呢？为什么同样一件事，有的人汇报后得到了表扬，而有的人就要受到批评？为什么有的汇报会引起别人的反感，甚至被领导无情打断？原因就在于，有很多人可能并不知道如何汇报才是正确有效的，有些人只专注于把事情呈现出来，却没有想过以何种方式呈现出来，也没有想过以何种方式才能实现更好的效果。

不合理的汇报方法有时候会比糟糕的工作结果更致命，会给汇报者本人以及公司造成不可挽回的伤害，这一点应该引以为戒。对任何一个人来说，掌握正确合理的方法很重要。通常情况下，汇报者应该在工作中把握以下几项重要原则。

第一，第一时间汇报。工作讲究时效性，只有把握好时间，才能真正将工作做到位。汇报工作也是如此，只有在第一时间将信息反映给领导，才能够让上级尽快地掌握事情发展的动态，才能了解所发生的事情，并以最快的速度提出应对措施。如果员工拖拖拉拉，等到事情发生几天之后才想起来去汇报，那么很可能会错失最佳的时机，导致问题恶化。

华为公司明确规定下属向上级进行汇报的时间不能拖得太久，重要的事情要立即向上级反映，平常的工作汇报在未经上级同意的情况下，不能拖到第二天。实时实地地将信息和问题反馈给上级，这是华为人的基本工作要求。比如，在华为公司拓展国际市场的时候，市场部的一线员工每天都及时汇报成百上千条的信息，以确保高层能够在第一时间了解市场动向。

第二，主动汇报。有些员工总是等到上级提出了要求，才想起来要去汇报工作，这种被动的态度常常令上司感到恼火。同样是汇报，被动汇报表明员工缺乏工作的积极性，对相关工作和信息也不够重视，而主动性往往能够显示出员工的责任感。华为公司规定了员工必须在规定的时间内主动向上司汇报工作，每周、每个月、每个季度都有专门的工作汇报时间，一旦错过了汇报的时机，或者等到被上级通知要求做总结时，员工就会受到惩罚。

第三，实事求是。汇报工作切忌夸大事实或者隐瞒事实，这样会让领导做出错误的判断，甚至造成错误的决策，因此员工在汇报工作时一定要坚持按事实说话，不能无中生有，也不能刻意隐瞒实情，对的就是对的，错的就要说错的，不能颠倒是非。任正非多次要求员工在汇报时必须将自己真实的工作成绩和缺点写出来，而且所有的管理人员手中都有相关的档案和数据，一旦说出来的事情与现实不符，员工们就必须重新总结。

第四，有目的性。有些员工的工作汇报常常显得散乱无章，缺乏条理也缺乏说服力，因此不被上级重视。出现这种情况的原因可能在于员工的汇报缺乏目的性，员工不清楚自己所要达到的目的，所以汇报的时候没有一个固定的方向。其实，想要让上司更好地接受自己的汇报，就要把握好方向与目的，有目的才会有针对性，才会在汇报中突出自己的想法，也才会组织好更有说服力的材料。华为人在汇报之前并不是原原本本地告诉上司发生了什么或者自己做了什么，而是事先制订一个明确的汇报方案：写下自己要说的事情，明确自己言论的立足点，弄清楚所要达到的效果。

第五，突出重点。做汇报最忌讳长篇大论、内容枯燥，为了在短时间内引起领导的重视，那么一定要注意突出重点。比如，说话要言简意赅，尽量说重要的；挑选一些领导喜欢听或者感兴趣的事；说那些能够体现自己特色的东西。只有把握这些原则，才能够更好地引起领导的关注。

除了掌握各种合理的方法和技巧，员工还应该了解汇报的方式。汇报包括口头汇报、书面汇报、电话沟通、发送电子邮件等方式，每种汇报方法都有自己的特点，员工在运用的时候可以自由选择，只要能够达到汇报的目的，就是正确的汇报方法。

4. 不可轻言“我明白了”

我觉得你们总结没有总结到深处，没有总结到痛处。你们不要像蜻蜓一样停在水的表面上，而是要像青蛙一样潜到水的下面去。事情是想好了才能干好，没有想好不可能干好，谋定而后动。

——任正非

当老板或者上级领导布置工作任务时，很多员工都会草率地回答“我明白了”、“我知道了”或者“听清楚了”，但事实上员工真的听明白了上司的命令吗？这个所谓的“听明白”指的是单纯地了解了任务的内容，还是明白了工作的重要性？是单纯地听清楚了领导的要求，还是理解了上司的意图？“我明白了”不能仅仅是一句敷衍的话，更不能是一个草率而不负责任的答复，因为想要确保执行过程中的高效率和准确性，就应当认真把握任务要求的每一个细节，理解好每一条重要的信息，不能有丝毫的马虎。

很多员工花了大量的时间去工作，也做到了态度端正、认真执行，可是结果往往不能让上级感到满意，归根结底就在于员工没有听清楚上级的命令，没有用心去听老板的要求，更没有用心去理解老板的意图。所以，尽管他们总是工作很忙，但是由于沟通工作没做好，导致没有忙对方向。

任正非多次表示，“每一个工作任务必须落实到位，员工必须严格贯彻和落实公司的发展理念”，但是在创业初期，他发现经常有很多命令无法得到准确的落实，导致员工的工作结果和公司的要求之间产生了一些误差。为了确保目标和结果一致，任正非开始认真检查工作，很快发现问题出在了传达这一环节上，一方面在于管理者没有很清楚地传达公司的要求，另一方面在于员工没有认真去理解上级的命令。针对这个问题，任正非多次开会倡导上下级之间进行准确的沟通交流，不能出现脱节现象。

类似的困扰在很多公司都存在，而员工没有准确理解领导的指示或命令，往往有着多方面的原因。比如，很多员工在接受工作任务之后，就会习惯性地按照以往的理解和方式去做，但是不同的工作任务往往需要不同的工作方式，而且领导肯定也会有不同的要求，惯性地理解工作内容以及上级领导的命令，最后可能会犯错。

从心理学的角度来说，“听清楚了”“听明白了”很可能建立在选择性记忆的基础上，听从命令的人会选择性地听取一些自认为重要的信息，而忽略了真正的关键信息，这就造成了理解的偏差。当员工觉得自己对工作很有把握时，对上级的一些命令和要求会表现出很随意的姿态，他们会觉得听或者不听并不影响自己顺利完成工作任务。这种过于自信的心理往往就会影响他们用心倾听上级布置的任务，并导致工作表现不佳。

此外，很多员工在接受任务之后，有可能会很快忘记领导所交代事项的一些细节，这样一来在工作中必定会出现一些漏洞。

正因为如此，员工常常会错误地理解或者片面地理解领导的指示和命令，以致工作没有达到上司的要求。员工为了防止出错，不得不接二连三地出入领导的办公室，以便弄清楚自己到底应该怎么做、应该做什么。这种做法会增加不必要的时间浪费，而且会引起领导的反感，最终会降低员工的印象分。从这一方面来看，员工应该尽可能一次性将工作任务以及工作要求听清楚，准确理解领导的意图。华为人对此有着丰富的经验，也掌握了很多非常实用的沟通技巧。在他们看来，在上级发布命令的时候，一定要注意多听多记。

第一，认真倾听，不要多嘴。在接受命令的时候，员工要做的就是认真去听，不要找借口，不要找理由，更不要插嘴讨论。首先，无条件服从命令是员工的天职。其次，员工发表意见只会打乱领导的讲话节奏，而且由于无法认真倾听，会导致遗漏很多重要信息。在华为人看来，倾听是执行者必备的职业素养，华为人总是先听上司把话说完，然后再去说自己想说的话。

第二，做好记录，把握重点。为了防止自己听不全或者忘记上司说了什么，最好的办法就是及时做好记录。华为公司要求每个员工掌握记录的技巧，养成记录的习惯，当领导下达任务时，不仅要认真倾听，还要懂得及时做好笔记，填写任务记录单。在填写任务记录单的时候，员工会标注一些关键词，比如，要求工作完成的时间、质量标准、具体数量、工作地点、责任部门等。此外，他们还会写上一些表达领导情绪的词语，以突出工作的重要性。

第三，换位思考，用心理解。在接受任务的时候，应该从领导的立场和角度看待问题，从领导的语气、姿势、表情、态度上推测工作的重要性以及领导的重视程度，并较为准确地揣度领导的意图。在华为内部的员工培训中，察言观色与换位思考是员工必须掌握的技能。

第四，积极回应，进行确定。为了防止自己在接受命令的时候听错或者理解错误，可以主动对上级的要求做出回应。比如，华为员工在倾听上级的要求时，经常会将上司的话重复一遍，然后委婉地表示“这样做可以吗”，这些小窍门既可以避免引起上司的反感，同时也能够得到更为肯定的答复。

作为工作任务的执行者，员工执行任务不仅要及时，更要做到准确无误，因为只有把工作做对了，才真正算得上完成了任务。而对于准确性的把握不仅仅在于方法方向的准确，更在于正确地服从命令。简单来说，只有把领导的话听对了、听全了，只有了解领导真实的意图，才能够将上级的理念、要求和策略真正落实到工作中去。

5. 提出小建议，而不是写好“万言书”

> 我们要坚持“小改进，大奖励”。“小改进，大奖励”是我们长期坚持不懈的改良方针。应在小改进的基础上，不断归纳，综合分析。
>
> ——任正非

IBM公司的创始人托马斯·沃森说过：“我们的工作报酬并不是来自我们的脚，我们是因为我们的大脑而得到报酬的。”正因为如此，IBM公司一直以来坚持努力提升员工的主动性，希望员工能够积极参与公司事务，甚至是公司决策。为了确保员工可以适时地发表自己的见解，IBM公司建立起成熟合理的“员工意见调查”制度。华为公司一直以来都在借鉴IBM公司的管理体系，当然，任正非并没有完全照搬，而是进行了改进。比如，在促进员工积极性方面，任正非的观点是“小改进，大奖励；大建议，只鼓励”。

即便员工提出的意见很有特点，但是只要触动了当前公司发展或者体系的根基，那么就没有必要采用了。任正非多次强调，企业要改良，不要改革，不要搞激进主义，必须让经营决策保持阶段性的稳定，从而逐步改进和提高管理水平。一些具有改革甚至是颠覆性的建议并不值得采纳，至少在整个公司未能实现转型之前，不值得提倡大改革。

有个新员工曾经给任正非写过一封万言书，里面说了很多改革措施，提出了很多经营策略方面的建议。任正非看完以后，直接做出了如下批示：“此人如果有精神病，建议送医院治疗；如果没病，建议辞退。”

不久之后，又有新员工写了一封《千里奔华为》的万言书，并在其中写出了华为公司的一些弊端和改进措施。据说华为当时的董事长孙亚芳看到这份报告后非常感动，给予了这样的评价：“这份报告从不同的侧面反映了公司存在的问题，也反映了新员工从他们所处的角度对公司的了解，并提出善意的批评和建议。这是从新员工身上表现出来的主人翁意识，难能可贵。”

为什么同样是万言书，两个人的命运却截然不同？根本原因就在于一个是大方向上的改革，另一个则是对存在问题的改进；一个是不了解事实或者未能考虑到企业发展的大局和现状就夸夸其谈，另一个则是亲身工作中的真实感悟，这两者对华为所产生影响完全不在一个层面上。这显示出了华为公司沟通文化中的一个要求：给上级提意见或者建议很正常，但是一定要注意分寸。

华为并不束缚员工的言论自由，而且还鼓励新员工提出各种富有建设性的建议，但是这种意见和建议幅度不能太大，而且要足够系统、足够有条理，不能草率地乱说胡说。员工可以提一些细节上的改进意见，但不是颠覆上级领导或者公司既定的工作方针和战略方向，更不是对公司理念的全盘否定。

广告大师大卫·奥格威将善于提意见和建议的员工当成特质人才，他认为“损失一个有特质的人才，和失去一个客户同样危险”。无论是哪一个企业，管理者都希望员工能够融入整个工作体系，能够适当提出一些不同的建议和看法，但是如何控制员工的积极性是一个关键问题。过度压制员工的权利，只会进一步打击他们的积极性，导致员工成为机器式的执行者，而不是工作者。而过度放纵员工进行讨论，给予他们过大的自由和自主权，则会导致员工过多地干涉上层的决定，并给公司的整个规划带来威胁。

因此，提建议应该有一个“度”，应该注意分寸和规范。如果员工经常提一些与当前发展理念不符合的建议，那么就会给公司的决策以及具体实施带来干扰，比如，那些所谓的大建议，通常缺乏足够的理论依据，更缺乏实践的证明，存在很大的风险，而企业不愿意也不会贸然承担类似的风险。

华为公司的管理理念解决了员工主动性“度”的问题，所有的华为人都可以依照这个“度”来规范自己的行为，知道自己可以提什么样的建议，知道自己能够说到何种程度，知道自己怎样做才对公司的发展更加有利。通过对“度”的把握，企业可以慢慢实现改进，从而获得前进的动力。

目前有很多企业缺乏稳定而科学的发展体系，经常进行大改，结果导致企业的发展和运作出现混乱。从客观上来说，没有任何一个企业的体制是完全健全的，即便是世界上最出色的公司，其内部或多或少都存在一些问题，但改变和纠正这些问题需要做的是采取改良手法，而不是盲目地进行大的改革。任正非说，华为人要做的就是“慢慢地切削大象”，一点点来改进华为公司存在的各种问题，让所有华为人都想办法提出一些小的建议，这种缓慢的渐进改进方式才是最健康、最安全的。

此外，从管理的角度来说，颠覆性的建议或者大的意见都是不够合理的，每一个人都被要求要懂得尊重自己的直接领导，即便员工的工作能力很突出，甚至比上司更强，也不能草率而任性地提出各种颠覆性的建议和意见。

在职场上，最忌讳的就是员工对上司或者公司的理念说三道四，指手画脚。这些做法通常会引起上司的不悦，导致上下级关系僵化甚至是恶化，对于员工以后的工作非常不利。因此，在一般情况下，不建议员工提出什么大的意见，最好采取补充加改进的方式来提一些小建议，这样才能真正为企业的稳定和发展贡献自己的力量。

6. 与同事的双向沟通

会做事的人一上来，这场战争怎么打，把这个搞清楚；会做人的人你们沟通去，做思想工作，战争一定要胜利，就简单得很。

——任正非

在企业管理中，随着“人本主义”的兴起，“企业即人”成了很多企业坚持的理念，“企业即人”就是将人力资源摆在了企业发展资源的第一位，管理者认为人才是促进企业发展和壮大最重要的要素。从现实的角度来说，这个提法符合“科学技术是第一生产力”的观点，因为技术本身就是人创造的，此外每一项经营管理事务都需要人去调研、决策、执行以及反馈，人是企业最珍贵的资源，有效地让所有人为企业工作成了人才管理工作的重中之重。

不过，所谓管理人才并不是简单地将所有人吸收进入企业就可以，想要发挥人才的优势，就必须进行合理安排，让每个员工都处在最适合的岗位上，发挥自己最大的优势。除此之外，还有一个重要的环节，那就是员工之间的合作，而合作的前提是沟通，员工之间必须进行顺畅的沟通和交流，这样才能够确保合作顺利。

在所有的资源中，人是最重要也是最不稳定的资源，因为人是有感情的、有思想的，他们的任何行为都会受到观念和情感的支配，此外，不同的人在工作理念、工作方法上往往存在隔阂与分歧，毕竟每个人的生活背景、知识水平、兴趣爱好、性格特征、价值观都不同，想要保持相似或者统一的想法并不容易。正因为如此，想要让所有员工实现沟通，就应该用制度来予以约束和引导，要懂得培养员工的团队意识，最终确保员工之间的沟通顺畅、高效。

同事之间的沟通并不容易，毕竟职场是一个人际关系比较复杂的场合，而且存在竞争关系与利益诉求的牵扯，因此会给沟通带来很多障碍。比如，很多同事表面上很客气，但是暗中却处处设防；有的同事从来不当面指出别人的问题，却总是在私下嘲笑和抱怨；有的员工表面上答应帮忙，可是事到临头却告知“你再多等几天”，或者干脆说“这件事不是我的职责范围，你该找其他人”。此外，同事之间常常会出现工作冲突和重复的现象，一旦出现了问题反而相互指责、推诿责任，这些都是因沟通不畅或者缺乏沟通引起的。

如果说上下级之间的沟通交流是为了任务的下达与执行，那么同事之间的交流则是为了更好地完成任务；上下级之间的沟通有时候可以强制地用制度来约束，而同事之间的交流则更多依赖企业文化的引导以及员工的沟通意识。正因为如此，员工只有提升自己的沟通意识、沟通技巧，才能够让自己与同事完美地契合在一起。

华为公司会给每个员工发一本沟通培训手册，每个华为人必须了解沟通的含义、沟通的重要性、沟通的障碍以及沟通的方法和技巧。比如，华为人认为，沟通的过程就是：信息源（个人表达）—编码（表达方式）—通道（内部正式通道或者媒体之类的非正式通道）—解码（理解方式）—接受者（个人理解）。

与同事顺利实现无障碍交流，前提就是要明确自己的位置，即每个人都是大团队（华为）内的合作伙伴。沟通过程中则要注意了解沟通的目的、选择适当的方式、有效发送信息、学会倾听、进行有效反馈。

第一，每个人都要了解沟通的目的——理解，然后主动沟通，主动理解别人的想法。

第二，每个人可以根据具体情况和个人爱好来选择沟通的方式，比如，面对面交流、电话、电子邮件、备忘录或联络单、文件或公告等。为了显示对对方的尊重或者信息的重要性，可以进行面对面交流，一些不好意思说出口的话可以用电子邮件来沟通，一些正式文件则需要用通知和公告的方式交流。

第三，为了确保有效发送信息，每个华为人在发送信息时需要厘清思路、净化内容、把握目的、选择地点、征询意见、准确表达、注意非语言信息、尽量让对方了解、追踪核对、以行动支持沟通。

第四，在沟通时，应该采取倾听的姿态。在倾听时务必保持专注、以同理心来感受对方的想法、善于接纳或屏蔽那些不同的意见，不仅倾听对方的观点，还注意观察对方的情绪。

第五，在进行有效反馈时，华为人必须严格按照培训手册的要求来做：针对特定行为、对事不对人、坚持目标导向、最佳时机回馈、确保自己已经了解、进行负面反馈时要在对方可接受的范围之内。

通过科学合理的培训，华为员工掌握了沟通的方法和技巧，尽可能减少了沟通不畅带来的各种冲突和麻烦，同时也强化了沟通交流的意识，所以，华为公司的团队意识与合作水平在国内企业中是首屈一指的，华为人对于工作的领悟力与执行力也是一流的。

很多企业只看重员工的能力和水平，往往忽略了员工之间的互动关系，然而企业是一个时刻都在运转的整体，这种内部运转依靠的就是团队的互动，大到部门之间的互动，小到员工之间的合作，都是建立在沟通的基础上的。没有正常和顺畅的沟通交流，企业的发展和运转就会陷入停滞状态，员工也会失去竞争力。从企业发展的大局来看，员工之间、部门之间的交流是整个企业沟通交流机制中最重要也是最基础的部分，如果员间缺乏交流和互动，那么整个企业的内部交流也就无从谈起。

7. 做好与客户之间的沟通

顾客的利益所在，就是我们生存与发展最根本的利益所在。我们要以服务来定队伍建设的宗旨，以顾客满意度作为衡量一切工作的准绳。

——任正非《华为公司基本法》

1998年，华为公司花费巨资引进并优化了IBM公司的IPD集成管理模式，华为公司正式提出了“以客户需求为导向”的口号，开始坚持按照“了解客户需求—传递需求—依据市场需求准确定位创新”的流程来运作，要求公司能够快速对市场做出反应，并且全力进行支持，优化客户的服务。可以说，IPD管理模式让华为从最初的技术驱动转向了市场驱动，并且彻底改变了华为的技术管理和项目研发流程。

那么，如何才能做到“以客户需求为导向”呢？关键还在于沟通。任正非认为只有多和客户进行互动和沟通，才能真正相互了解，才能形成紧密的合作关系。任正非本人不接受任何采访，也很少参加什么社会活动或者接见什么人，不过只要是客户，无论时间多么匆忙，无论对方是大客户还是小客户，他都会亲自接见，绝对不敢怠慢。

为了提升沟通能力，华为公司对员工进行了专门的客户沟通培训，每一个员工都必须掌握与客户沟通的技巧、方法，同时要了解与客户沟通的重要性、必要性。通过培训，员工能够快速而有效地与客户进行沟通，能够更好地为客户服务，并且保持更为持久、亲密的合作关系。为了强化培训的效果，公司内部设有客户评价考核机制，客户对部门或者个人评价的好坏往往关系着员工的工作水平与业绩，而这一机制的设定主要还是为了促进员工与客户之间的互动交流。

与客户进行沟通一直都是企业生产和发展中必不可少的一个工作环节，在整个生产环节中，产品生产出来后，进行销售，有人购买产品并进行消费，消费之后生产商还应该做好售后服务。在整个流程中，每一个流程都与客户息息相关，如何让客户购买并消费产品？如何做好售后服务？如何及时反馈客户的服务信息？如何做到在反馈信息后改进自己的生产？这些都需要与客户进行沟通。

很多时候，为什么你感觉自己做得很好了，而客户还要挑三拣四，抱怨连连？为什么你一直想办法讨好客户，而对方却不领情？为什么你努力给予客户最好的产品和服务，而对方却始终无动于衷？到底是什么引起了客户的不满？

如果直接从客户的需求来说，造成客户不满的原因通常在于服务期望与服务获得之间的严重失衡，比如，客户想要获得更多的服务，而且抱有很高的期待，而服务者仅仅只能提供其中一部分的服务。或者商家没有针对性地提供服务，抑或提供一些质量不高的服务。这样就会造成一种落差。这时候，客户会表达不满，感觉自己受到了欺骗或没有得到应有的尊重。

对于任何企业和个人而言，卖给客户一些不需要、不喜欢、不满意的产品或者服务，自然会吃力不讨好。所以，任正非说：“不要总是觉得将产品或技术卖给对方就没事了，关键要提高服务质量。”提升服务的前提就是沟通，如果双方能够沟通清楚，能够了解客户的需求，那么就能够有针对性地提供产品和服务，能够纠正合作中的错误，并及时反馈客户的信息。沟通并不是简单地对话，也不是简单的商业谈判形式，它更多的是一种技巧。换句话说，商家不仅要学会主动沟通，还要学会如何更好地沟通。

华为的客户培训资料明确提到了一些基本原则。

首先，要在交流之前主动了解客户的需求与期望，设计合适的服务以及衡量标准，然后制订科学合理的合作方案，方案必须是适当的、完整的、实际的、双赢的，这样才有足够的说服力。华为人在面见客户之前，通常会设计一套相对合理的服务方案与合作方案，这样才不会在交流时显得被动，才不会显得冒失和突兀，而且有所准备才能显示出对客户的尊重和重视。

其次，在沟通的时候，一定要注意言行举止的细节以及沟通技巧。比如，当客户打来电话的时候，要尽量在响铃三次之内接听电话，时间拖得太久，会让客户觉得你不想接电话或者不急着接电话；见面时要穿着得体，举止端正，说话的时候要不卑不亢，语速适中；交谈时可以说先说一些轻松愉快的话题，拉近与客户之间的联系，然后逐步深入。

当双方展开话题后，就要有针对性地进行交谈，交流的方向和目标都要明确；将谈话的重点放在客户身上，要尽量让客户了解到所能获得的利益，而且这种利益最好进行量化；通过倾听来掌握对方的相关信息，如果觉得客户提出的要求不甚合理，那么不要直接拒绝，而应该委婉地表示自己可考虑一下，或者请求上级的指示，说话时要诚实守信、态度真诚，不要打太极来迷惑客户；此外要懂得尊重客户做出的任何选择，尤其是当双方出现分歧或者客户提出异议后，要先倾听对方的想法，而不是急于反驳。对于一些老客户来说，应该主动让利，以维持和提升他们的忠诚度。

沟通和交流并不意味着就是说话，科学研究表明，只有11%的人通过听觉来接受信息，而83%的人通过视觉来接受信息，因此在沟通的过程中，想要让客户更好地接受自己的产品或者服务，最好的方式就是让客户眼见为实，甚至是亲自体验。华为经常会邀请客户来公司参观和考察，了解生产工序，体验技术实力，通过亲身体验和观察，客户就能够对华为的产品和服务有一个更为直观、真实的印象，沟通时的说服力也就更强。

最后，要做好售后服务的沟通工作。将技术、产品卖给客户并不意味着沟通的终结，由于售后服务以及后续合作的需要，卖方还要及时反馈客户的信息。接受客户的反馈信息时，重点应当了解客户是否满意，是否有继续合作的意向；如果客户对质量或服务有不满意的地方，则应该虚心接受客户的投诉，对于对方的一些抱怨和指责要虚心接受，并就一些自己做得不到位的地方及时道歉，还要给予一定的补偿。同时，一定要告诉对方自己在产品质量和服务改进上所做的努力，但不能将错误推到自己的同事身上，并向对方许诺会努力解决相关问题，直到对方满意为止。

正因为如此，华为的售后服务工作一直以来都做得非常好，而且信息反馈机制也很高效，只要客户与市场什么动向，就能够第一时间反馈到公司总部，而这也是华为的客户越来越多的原因。

此外，华为人认为沟通应该是一种日常的交流方式，是一种相互满足需求、相互增强联系的方式，因此沟通应该普及化、日常化。简单来说，就是不能等到有合作、有需求的时候才想起要与客户进行沟通。平时也要懂得与客户进行交流，问候一两句，到了节假日要懂得赠送一些礼物，通过日常联络来强化感情。

华为人的沟通方式很成功，因此值得其他公司和个人进行推广，不过由于每个人的性格特点不同，面对的客户也各不相同，因此在沟通的时候还要视具体情况而定，要尽量想办法完善自己的服务。但无论如何，都不要改变服务的态度，瑞典卡尔斯泰德大学服务研究中心的教授安德斯·古斯塔夫松说过：“今天的经济社会比以往任何一个时代，都要更加以服务为导向。”这种“以服务为导向”的风格实质上就是一种“以客户为导向”或者“服务与客户”的管理理念与经营、发展理念。服务的核心理念就是加强与客户的交流，通过交流来赢得客户的信任与支持。

第八章

自我提升的华为人

华为的强大不在于他们拥有最出色的人才，而在于华为人始终处于不断进步和提升之中，虽然他们比其他人起点更高、水平更高，而且努力的程度也要更高，但是为了保持竞争力和活力，华为人一直都在追求进步，一直都在寻求自我突破的机会。华为人在自我提升方面不仅拥有积极主动的态度，还有非常科学合理的方法，正是依靠这些方法，华为人才能够将自己的工作做得更加出色，才能推动华为公司不断发展和扩张。

1. 华为的“知本主义”

> 我们这个时代是知识经济时代，它的核心就是人类创造财富的方式和致富的方式发生了根本的改变。随着时代的进步，特别是由于信息网络给人带来的观念上的变化，使人的创造力得到了极大的解放，在这种情况下，创造财富的方式主要是由知识、由管理产生的，也就是说人的因素是第一位的。这是企业要研究的问题。
>
> ——任正非

任正非曾经在《走出混沌》一文中说：“对一些高技术产业，人的脑袋很重要，金钱资本反而有些逊色，应多强调知识、劳动的力量，这就是知识资本，我们称之为‘知本主义’。”接着，他在《华为的红旗到底能打多久》中又提道：“知识经济时代，企业生存和发展的方式发生了根本的变化，过去是资本雇用劳动，资本在价值创造要素中占有支配地位。而知识经济时代是知识雇用资本。知识产权和技术诀窍的价值和支配力超过了资本，资本只有依附于知识，才能保值和增值。”

正因为意识到了知识的力量，意识到知识经济的力量，任正非才会不断重视建设华为的“知本主义”。在讨论华为基本法的时候，很多人都认为财务是最重要的，财务资本增值目标应该位于前列，任正非力排众议，强调一定要把“人力资本增值的目标优先于财务资本增值的目标”这一条写进去。

华为公司曾经在各大高校发起万人大招聘，在华为看来，拥有人才就是最大的竞争优势，抢夺人才从本质来说，就是为了掌握和利用知识。这也是为什么华为公司最近几年一直提高录用人才的学历标准，高学历尽管不一定代表高能力，但代表更高的潜力。华为人不仅重视知识，而且主张不断学习新知识来提高自己。

学习是华为公司的一个重要文化和习惯，华为人即便能力出众，而且常常顶着名校高才生的头衔，但仍旧不断学习，以丰富和提升自己的专业技能。就连任正非也不例外，他的办公室里有很多管理类书籍，哪怕再忙，他也会抽出时间来学习。

在如今的企业中，很少有员工愿意花时间看书，也不愿意学习，很多管理者哪怕到所谓的管理学院或者高校去深造，也不过是弄一张文凭而已。之所以没有人愿意主动学习，原因有很多。比如，工作很忙，没有时间学习和看书；认为学习的知识现在用不上，将来也不一定能够用上；觉得能力、经验比知识更加重要，学习似乎显得没有那么重要。

正因为多数人都觉得没时间或者没必要，才会出现实践能力与理论知识相脱节的情况。在学校的时候，学生的工作能力和社会经验不足，而理论知识相对比较丰富。等到进入公司后，由于长时间的磨炼，实践机会越来越多，他们的工作能力有了提升，可是对于学习反而生疏了。

多数人并未意识到学习知识有多么重要，但其实无论什么工作都有进步的空间，无论什么工作都需要不断发展和提升，而进步和提升需要不断学习，需要在学习中补充更多的新知识，需要在学习中丰富自己的技能。对此任何人都不能故步自封，不能认为自己当前能力出众、表现优秀，就自高自傲，任何人想要赢得未来的竞争，想要长久地生存和发展下去，都需要学习。

不过，所谓的学习并不是盲目的，华为人认为学习应该有足够的目的性和针对性，每个员工在学习时都应该清楚自己为什么学习、要学习什么、怎样学习以及学习的目标是什么。其中，学习的内容和方向是最重要的，也是确保员工能够学以致用的关键。

首先，要懂得学习专业知识和专业技能，提升工作处理的能力。任正非曾经说过：“我们考核你是否学得好，是看本职工作是否做得好，有否具有做好本职工作的潜力。因此，没有做好本职工作的员工，就肯定没有学好。”在竞争中，综合实力固然很重要，不过对于多数人而言，想要做到面面俱到很难，而且也没有必要，生存最大的保障不是你掌握了多少技能，而是你对某项技能掌握的程度有多好，因此学习和提升自己的专业技能，应该是员工学习中的重要考量。

其次，向对手学习先进的理念和技术，积累丰富的经验。“知己知彼，百战百胜”，在竞争激烈的职场和商场，想要在竞争中生存下去，就应该了解竞争对手的长处和优势，就要主动学习对方的长处，这样才能够有效缩小彼此之间的距离。任正非多次派技术人员到西门子、爱立信、朗讯等对手公司进行考察，以便能够学习对方先进的管理理念和技术。而且他认为："不带有成见去认识竞争对手，认真向他们学习好的东西，才有希望追赶上他们。"有些人认为向对手学习是示弱的表现，但华为人觉得这是提升自身能力和竞争力的最佳方式之一。

最后，对于自己薄弱的环节，要重点学习和提高，尽可能弥补自身的不足。比如，在华为公司走向国际化的过程中，华为人暴露出了一个大问题，那就是英语能力不过关，管理者更是如此。在一次董事会议上，任正非指着众人说道："将来董事会的官方语言是英语，我自己58岁还在学外语，你们这些常务副总裁就自己看着办吧。"由于任正非的带头，其他董事会成员不得不跟着学习英语。任何人都会有缺陷和不足，这些缺陷往往就是最弱的环节，也是最容易受到攻击的地方，只有主动发现这些缺陷并在学习中加以弥补，才会让自己变得无懈可击，才能增加在职场中生存的机会。

如今的社会已经进入了知识经济时代，知识在社会运作和发展中所起的作用越来越大，人们对于知识尤其是新知识的需求量也越来越大。谁能掌握更丰富的知识，谁能保持更积极的学习态度，谁就能够更快地提升自己，强化自身的竞争力，就能够运用知识创造更大的价值和财富。正如投资大师彼得·林奇所说："任何资源都会过时，只有学习能够做到优势长存。"

2. 精益求精才能够不断进步

> 工匠并不是代表一种机械重复的工作。它代表着一个时代的气质，坚定、踏实、精益求精……在资源日渐匮乏的后成长时代，重提工匠精神，重塑工匠精神，是生存、发展的必经之路。
>
> ——任正非

提起工作，每个人都能够清晰地了解自己需要什么、自己应该做什么，但很难弄清楚我们自己是不是真的做好了把工作做好的准备。“你做了工作，但是究竟做到了什么地步呢？”这是一个容易被忽略的问题，也许从习惯上来说，我们还处于负责完成任务的状态，甚至没有意识到自己可能会将工作做得更好，或者说认为没有做得更好的必要。

把工作效率提高3%或者5%，似乎并不那么困难，也许平时可以小试牛刀，偶尔为之，可是如果要求再提高10%、20%甚至是更高时，我们是否有这样的信心和决心来实现这样的目标？做完工作，改进工作，然后做到更好，更好之后还要更好，这是一个自我改良和提升的过程，也是一个促使自己不断获得进步的过程。

为什么华为的工作效率很高？为什么同样的工作，华为人可以做得更加出色？为什么华为的工作质量处于行业内最高水平？原因不在于引进了多少高学历的人才，不在于拥有多少经验丰富的能人，而在于出色的工作体制和企业文化。

实际上，华为公司一直在推行精益求精的生产研发模式，确保工作效率和产品质量的提升。比如在2006年，华为特意聘请日本新技术公司作为精益推行的顾问。此后，华为专门成立了生态系统项目组，研究精益生产理论和丰田生产系统，并依据实际情况设计规划了华为公司精益制造的总体架构。

项目组提出了华为发展的四个阶段：精益现场、精益流程、精益企业、精益价值供应链。而且华为公司通过应用精益改善的方法和工具，最终构建起华为特色的精益制造体系。结果在2006～2008年，企业的生产制造周期缩短了79.1%，产品不合格率下降了41%，标准工时降低率每年都平均提高15%，成本也在逐年下降。

构建精益制造体系的关键还是在于营造一种精益求精的企业文化，事实上华为公司一直以来都在鼓励员工养成精益求精的习惯和工作态度，平时要敢于质疑现状，学会主动发现问题，出现问题后不寻找任何借口，而是想办法寻求解决方案。公司内部有一个不成文的规定，那就是在解决一些重要问题时必须提出至少七种方案，然后对每一种方案进行分析和选择，以便能够找到最正确、最合理的方法。

正是因为拥有出色的精益构造体系，再加上精益求精的态度，这才造就了华为人的强势与优秀。在华为人看来，只要还有改进和提升的空间，他们就不会放弃继续摸索的机会。比如在2013年之前，华为员工们使用Excel货量预估工具进行货量数据评估，然后需要额外的手工查询和校对，这种做法浪费了大量的时间，而且准确率不高。为了提高工作效率，供应链质量与运营部数据管理部的员工立即组成了专项工具团队，研发新的货量评估工具，在克服重重困难之后研制成功。这项发明为华为员工节省了大量时间，年度节省工时收益合计252万元，不仅如此，数据评估的准确率也达到了90%以上。

从某种程度来说，华为的成功就是因为华为人一直在不断追寻更大的成功，华为的进步就是因为华为人持续不断地进步，员工们每一次的改良和提升，都在推动华为的发展，可以说精益求精的工作态度就是发展的最大动力。

华为人有一个目标，就是向世界上最伟大的那些公司靠拢，因为他们知道正是因为本着精益求精的态度，可口可乐100多年来都只在做饮料，苹果公司只做电子产品，麦当劳只做快餐，沃尔玛只做零售，这些企业的业务看上去都很单调，但是它们的每一件产品都经得起考验，而它们的员工也将业务做到了极致。

有人问乔布斯先生为什么苹果公司总是能够生产出更好的电子产品，乔布斯笑着说："因为我始终坚信人是最强大的创造者。"任正非非常喜欢乔布斯的这句话，他觉得正因为人拥有创造力，才拥有无穷无尽的潜力，才有机会让工作越来越好，因此所有的奋斗者都要坚持精益求精的态度，这样才能不断获得进步。

3. 永远不要忘了多问几个为什么

我们要求高中层干部及一切要求进步的员工，要在业余时间学习，相互切磋，展开有关讨论及报告会。

——任正非

有家外国企业的负责人在接待华为公司的考察团时，发现了一个问题，那就是华为的员工似乎都喜欢问问题，每次他讲到一个问题、一项新技术、一件新产品时，他们就会提出各种问题，他觉得很奇怪，因为很多企业和员工为了保持自身的形象，很少主动问为什么。

其实，华为公司内部有一条重要的生存法则，那就是“多问为什么”。在华为公司，每年都会有一大批新员工入职，这些新员工绝大多数刚从学校毕业，意气风发且雄心勃勃，但是往往缺乏实践锻炼，因此无法很好地把控工作。由于培训的时间较短，新员工想要适应工作，想要了解更多东西，就需要自己摸索和学习，这就是华为人学习的最初动力。

任正非曾经去日本考察，发现日本企业中非常盛行“教父制”。所谓“教父制”，就是一种传帮带的管理机制，新入职的员工需要接受前辈或管理者的培养，由他们帮助员工提升个人的技能和境界。华为公司很快引进这种管理机制，并将其改为导师制。接着，华为公司要求负责培训的老员工要帮带两个新员工，这两个新员工与老员工之间实际上就是一种学徒与师傅的关系。

负责帮带和教导的老员工会将自己的工作经验传授给新人，也会教他们一些工作技能、技巧；而新员工必须要勤问、勤做，凡事不要害怕，要多问几个为什么，直到自己完全理解为止。在华为人看来，如果自己不主动去问，如果不厚着脸皮去问，或者说由于担心麻烦对方、害怕对方不高兴、害怕对方说自己太笨而不敢多问，那么最后吃亏的只会是自己。华为的每一个员工几乎都是在这种求学的状态中成长起来的，之后他们又将自己的方法传授给下一批新员工。

“多问为什么”体现出的是不仅仅是一种谦卑的态度，更是一种求知欲，而求知欲强的人往往拥有很强的上进心，他们对于工作的专注度也要高于常人。从实际的效用来看，多提问题，多向别人请教能够有效弥补自身的不足，能够更快地掌握工作技能和技巧，也能够防止自己犯一些常规性的错误。通常情况下，那些喜欢请教问题的人具有一些共性，比如，具备很强的学习能力，犯错更少，工作效率更高，而且他们的进步也更快。

有的员工会很疑惑，为什么自己在工作中非常不顺，总是不断遭遇各种疑难问题？为什么自己常常会犯同一个错误？为什么别人与自己能力差不多，但是对方的进步比自己更快？原因往往在员工自己身上。员工觉得工作太不顺利，是因为困难太多，可每个人都会经历这样的状况，真正的区别在于有的人习惯于请教，于是很早就找到了解决的方法，而有的人仍旧感到无所适从，甚至重复犯同样的错误。而且由于没有积极去请教，很多问题仍旧没能得到解决，因此也就没有办法获得更大的进步。

不喜欢求教是很多员工的通病，一些刚从学校毕业的学生更是习惯如此，他们最常说的话就是“我懂了”“我明白了”“我知道了”，实际上可能满腹疑惑，所谓的“懂了”不过是对相关知识的一种肤浅的理解，他们根本没有深入挖掘和思考，为了防止被人看穿自己的无知，只能想办法进行掩饰。其实向人求教并不丢人，毕竟每个人都可能存在知识盲点，都有自己不清楚或难以理解的东西，如果不能正视自己的不足，那么这些疑惑和无知将永远伴随着自己。

任正非劝告华为员工在工作中应该放低姿态，懂得“不耻下问”，若有什么不明白的地方，不妨主动向人请教，而请教的对象可以是自己的同事、上司，甚至是下属，只要对方能够为自己答疑解惑，那么就值得虚心求教。不过任正非也认为在求教的过程中也要注意方法和场合，不能随便乱问，也不能什么都问。

比如，要问一些不擅长或者不理解的事情，而不是什么都问。有的员工为了表示尊重，衬托上司或者前辈们的博才多学，会刻意问一些自己知道的东西，结果可能会让对方觉得你在炫耀或者考验他，这样就会引起对方的反感。

有的人喜欢将每一个细节、每一个具体事项都问清楚，这样同样不妥，毕竟一些细节性的问题回答起来比较烦琐，对方可能没有太多时间耗在这些问题上。而且对于解决问题最重要的是接受一种方法或者方法论，至于具体的事项则要通过自己去摸索和思考。

请教问题也要注意时间和场合，如果对方很忙或者正在开会，千万不要去打扰；如果对方情绪不佳，也要进行避让；如果对方下班回家了，不要试图打电话去叨扰人家。任正非要求干部，平时没什么重要的事情不要给正在休假的员工打电话，以免干扰员工的正常生活。

当然，对华为人而言，将不明白的问题吃透很重要，因此如果是为了向别人求教工作原理，就要尽量了解对方为什么这么做、为什么要用这样的方法去做、为什么其他方法不行，多问几个为什么，有助于更好地理解和掌握相关的方法和技能。不求甚解并不是一个好的学习态度，工作中一定要做到“知其然，知其所以然”，这样的请教才能起到更好的作用。

此外，请教不仅仅是一个举动、一种态度、一个过程，还应该有一个结果。因此，当对方将自己知道的东西倾囊相授时，请教者一定要认真倾听，并及时将这些重要的知识和宝贵的经验记录下来，以免忘记。如果下一次还要拿着同样的问题去问对方，对方只会觉得你没有用心去记，没有尊重他的工作成果，必定不会像第一次那么热心。

从以上几个方面来看，求教既是一种虚心的工作态度，也是一门技巧，只有掌握方法和原则，才能从别人那里收获自己想要得到的知识和其他信息。

4. 做得多不如做得好

我们从来不强调按工龄拿待遇。经常看到调薪的时候有人说“这个人好几年没涨了，要涨一点工资”。为什么？这几年他的劳动质量是否进步了？他的贡献是不是真大了？

——任正非

经常有人会抱怨自己很忙，没有时间休息，没有时间休假，可是等到休假时间到来的时候，又闲不住，非要去加班加点，给自己安排各种各样的工作和事务，然后又是一通抱怨和感慨。这就是“连轴转”的心理效应。简单来说，就是人们为了证明自身的价值，常常要让自己忙碌起来，似乎只有忙成一只旋转的陀螺，才能证明自己的重要性和“被需要”。在日常生活和工作中，很多人都存在“我想休息”却“停不下来”的情况，这种典型的“连轴转”效应有一个专有的名词，叫作“忙碌综合征”。

所谓“忙碌综合征”，是指人们被重重工作、事务或者琐事缠身而不能自拔的情形。在现如今的企业中，由于竞争压力不断增加，工作节奏不断加快，越来越多的人出现了“忙碌综合征”的怪相，他们每天都在加班，每天都有开不完的会议，每天都在焦头烂额地应付各种应酬活动。

虽然公司喜欢忙碌的员工，但公司与领导最看重的还是工作业绩，员工为公司创造出了多大的价值、为公司贡献了多少业绩，这些才是领导真正关心的。通常，每个公司都会有专门的考核标准，这套标准并没有因为任何人做得多而特意给他加分，只有那些做出成绩的人才会在考核中真正占优。勤奋是一个员工受到尊重的重要前提，但并不是唯一前提，而且绝对不能算是最重要的，因为老板看重的是能力，公司看重的是业绩，工作中看重的则是效率，因此员工的贡献值才真正决定了他们在公司里的价值和地位。如果仅仅只是看起来很忙，那么员工所做的一切都没有必要，公司也绝对不会重用这样的员工。

患有“忙碌综合征”的员工，通常会陷入“事务主义”的怪圈，自己一天到晚都在忙着工作，忙着各种奇奇怪怪的事情，但多半工作效率不高，至于工作之外的一些事务则更是瞎忙，忙得毫无意义、毫无价值，而且有故意做给别人看的嫌疑。这样的员工显然不符合公司的用人标准，也不能真正创造什么价值。这恰恰体现出了一个最基本的工作法则——“做得多”并不意味着“做得好”。

“做得多”和“做得好”的问题，早就引起了任正非的关注，在华为早期的发展过程中，员工们充分发挥了吃苦耐劳的精神，几乎每一天都在加班，可是很多时候过多的劳动并没有带来太高的效率。而且当华为的“床垫文化”盛行起来后，很多员工纷纷效仿，任正非知道后有些高兴，但更多的是担忧，因为这种加班文化并没有带动工作效率的提高，员工的工作质量也没有得到明显提升，反而出现了过度劳累等负面影响。

任正非觉得华为的发展终究应该依靠效率，而不是大量的时间投入，虽然加班加点没什么不好，但人的精力是有限的，绝对不能草率地浪费在加班上。后来，任正非建议摒弃“床垫文化”这个称呼，改成了“艰苦奋斗”，而且这种奋斗应该以提升工作效率为前提。从这以后，华为人的加班现象有了一定程度的缓解，过去那种一加班就是一整夜，或者连续几天不回宿舍的现象越来越少了，相反员工越来越重视工作方法的改进、新技术新工具的应用，以此来提升效率。结果虽然员工的工作时间比以往少了很多，但是工作效率和创造的价值有了明显的提升。而且在华为公司，考核都是以最终的业绩为标准的，至于工作时间的多少并没有明确的规定，只要能够按时上下班，不迟到早退或者旷工就行。

员工们忙碌或者做得多，并不意味着就能够获得提拔和重用。比如，如果一个员工的工作时间比别人高出一半，而效率比别人低三分之二，那么综合起来说，该员工仍然不具备竞争优势，而且浪费了大量的时间和精力，更造成了公司资源的浪费，面对这样的员工，公司肯定不会予以重用。另外，做得多的人可能做了一些无关紧要的琐事，包括打扫卫生、给同事买东西，或者没完没了地开一些内部小会，这些工作可能并没有多少价值，或者说并不值得花太多精力，做了也只是浪费工作时间。

在传统的工作理念中，老板和员工十分注重工作时间、资源的投入，只要工作时间越久、工作任务越多，就认为是好事，就认为企业能够获得快速发展。这是一种粗放型的发展模式，浪费很大，效率却很低，而且管理难度很大，在企业发展初期可能会形成一定的竞争力，但是随着企业的不断发展，随着管理的精进，这种模式会慢慢制约企业的发展，也会制约员工个人的发展。所以，企业应该及时改变工作理念，要从粗放型的发展模式或者工作模式，变成集约型的模式，要追求效率、速度、资源的合理分配和利用。简单来说，就是从工作数量的提升变为工作质量的提升。

任正非说，华为应该实现从资源到技术、效率的转型，这种转型就是“由多变精”，重点在于提升工作质量、提升工作效率。对于员工而言，与其花更多时间重复工作，倒不如选择改进工作方法，运用新技术、新流程、新方法、新工具来提升工作效率；与其想办法扩张业务、提高业务量，不如想办法将本职工作做到更加出色。

在职场中，做得多并不意味着就会受到重视，做得好、做得精才能体现自己真正的价值，因为效率和业绩才是最重要的，是任何职位与岗位上安排用人时优先考虑的因素，如今，效率已然成了职场竞争的胜负手。

5. “每天进步一点点”

你们还要特别注意向别人学习，看看你身边的老员工是如何做的，学明白了再去创新，一点一滴、一步一步走向成熟。

——任正非

在工作中，很多人存在这样一种惯性心理，今天做了多少工作，那么第二天至多也就做这么多，即便有能力多做一些，他们可能也不会努力。这种限定限量的工作思想是一种缺乏进取心和责任感的消极心态，在有这种心理的人看来，“公司的基本要求就是这么多，因此我只需要做这么多”，“公司给多少工资，我就做多少工作”，或者是“做多了也没什么用，领导不一定能够看见”。正因为如此，员工们通常不屑于多做一点点，只要按时按量按质完成任务，就打卡下班，其余事情与自己再无关系。

然而，“每天都在规定时间内多做一点，都进步一点”，这真的不重要吗？这样做真的就没有任何用处吗？

心理学上有一个著名的公式，1的365次方等于1，1.01的365次方约等于37.78，而0.99的365次方约等于0.025。在这个公式中，“1”代表着每天的努力，“365”则是一年的天数，“1.01”表明每天都进步0.01，而“0.99”则代表每天都少做0.01，虽然每天的进步和退步非常细微，甚至可以忽略不计，可是一整年算下来，结果截然不同。每天进步0.01的人到年底所做的业绩是正常水平的37.78倍，而每天退步0.01的人到年底的工作量或者价值只有平常水平的1/40，如果每天都原地踏步，那么最终所做的业绩也没有任何起色。

这个公式道出了一个浅显的道理，如果每天都能坚持进步一点，那么最终会收获更大的成功。很多员工认为每天细微的进步毫无用处，或者毫无必要，这种观点大错特错，每天的进步也许看起来不那么显眼，不会被领导重视，更不会带来什么实质性的帮助，可是时间一长，每天积累的进步就会形成一个巨大的优势，做出的成绩会明显高于其他人，而领导自然也不可能忽视你所创造出来的巨大价值。

在华为公司发展初期，不仅缺资金，也缺人才和技术，当时所有的先进技术都被国际巨头所掌握，它们拥有产品和技术的相关专利，其他公司想要运用新技术，想要生产新产品，很容易出现侵权行为。为了解决这个问题，任正非鼓励公司内部进行自主研发，尽管困难重重，而且外界一片唱衰之声，但任正非还是看到了研发人员的进步，他欣慰地表示："每天都在进步，这就是最大的成功。"

果不其然，在大家不懈的努力之下，华为公司很快拥有了自主研发的产品，拥有了自己的技术，并申请了专利。但是，任正非和所有华为人并没有因此而止步，他们仍旧贯彻着"每天进步一点点"的工作精神，发愤图强，不断改进工作，不断摸索新技术、新方法，二十几年过去了，华为公司的专利从一无所有发展到了世界前列。

据统计，仅仅在2004年，华为公司申请专利的数量就突破了1000件。而在2012年，华为累计获得授权的中国专利是21000多件，累计获得授权的外国专利是8000多件。截至2014年6月，华为公司在中国市场以及海外市场上累计申请超过65000件次的专利，而且每年都有3000多件专利提案被多个国际重要标准组织所接受。

华为公司专利的快速增长离不开每个华为人每天的努力和进步，这也是华为近些年来实现跨越式发展的一个缩影。不过在仔细分析和研究之后就会发现，华为的大发展并不是一天就完成的，也不是一年就完成的，它依靠的是每一天、每一个月、每一年的进步慢慢积累的。爱立信公司的一个经理曾经感慨："我们都没能注意到华为的发展，事实上，他们每天都在多往前追赶一步，结果短短几年之内，华为人突然就以巨人的姿态站立在了我们面前，这样的表现简直让人感到惶恐。"

华为人始终坚信一点：只要坚持每天都进步一点点，那么就可以慢慢接近成功。也许很多人更喜欢一蹴而就，可是进步并不意味着一朝变大变强，也不意味着一定要转眼间获得突破，这样并不容易实现，多数情况下的进步是在逐步积累中实现的，每天都多做一些，都改进一些，那么等到量变积累到一定程度时，就会实现突破，即发生质变，这时候就会带来意想不到的结果。

因此，对于工作者来说，想要获得进步，实现突破，必须有耐心与恒心。比如，要制定一个明确的持久的规划。每天都进步首先指的是同一项工作上的进步，不能今天做这件事，明天做这件事，后天就换成其他业务。其次，每天进步并不是短期行为，不是一天、两天或者一个星期、两个星期的事，这种进步应该有一个较长的周期，通常是一个月、一个季度、一年或者几年时间。很多华为人连续几年都在改进自己的工作方法，都在改进自己的技术，结果几年下来，不仅掌握了多项新技术，而且工作效率提升了50%以上。

此外，要对每天的工作做好记录，比如，今天在规定时间内创造的工作价值为150，那么第二天就争取达到152，第三天争取达到155，第四天争取158，之后每天都提升一点，每天都记录下来。那么一个季度或者一年积累下来，就会从记录中发现自己所创造的价值非常可观。由于有些工作价值或者业绩没法准确进行记录，也难以数据化，那么在记录的时候，不妨像华为人一样每天都记录自己的工作时间、产品数量、合格率等，然后每天进行对比。

只要坚持每天都进行记录和对比，然后想办法进行超越，那么就能够在每天的工作中及时了解自己的进度，并督促自己不断进步。

6. 末位淘汰制下的危机意识

> 我们提倡能上能下，在实践活动的大浪淘沙中，我们要把确有作为的同志放在岗位上来，不管他的资历深浅。我们要把有希望的干部转入培训，以便能担负起更大的责任。我们也坚定不移地淘汰不称职者。
>
> ——任正非

提到华为公司，很多人第一印象就是待遇好、福利好。华为员工的工资几乎是国内同行业中最高的，而且很多员工还能享受到公司的股利与分红。有些人还认为只要进入了华为就可以衣食无忧，简直就像找到了一个金饭碗。正因为有着诸多想法，导致大学生毕业们对华为公司趋之若鹜，哪怕知道工作很辛苦，哪怕知道工作压力大，也丝毫不能消减他们对华为公司的热情与向往。

不过多数人对于华为可能存在一定的误解，比如，华为虽然好，但并不意味就是金饭碗，而且有时候连铁饭碗也算不上，华为的员工也很有可能会被开除，这种开除不一定是因为他们犯了什么错误或者违反了什么规定，而是因为他们的工作业绩。

华为公司一直以来实行末位淘汰制，公司规定，只要是绩效排在最后5%的员工，就可能受到公司的惩处，甚至直接被淘汰。这种制度让每一个华为员工都倍感压力，首先5%并不是一个小数目，稍不留心就有可能成为5%中的一位。其次，华为公司的员工都是精英人才，对于任何一个员工来说，想要脱颖而出，或者保持绝对的竞争优势往往很难。

任正非认为企业发展的最大阻碍是惰性滋生和危机意识淡薄，一旦一个人觉得自己已经很成功了，不需要再进步，往往会停滞不前甚至陷入困境。为此他常常会给员工灌输危机意识，他曾经说过："十多年来，我天天思考的都是失败，对成功视而不见，也没有什么荣誉感、自豪感，而是危机感。"任正非希望员工能够保持这种警惕性和危机意识，希望他们不要被眼前的成就所迷惑，为此他在2001年3月再次发表了题为《华为的冬天》的文章。在文章的一开头，任正非就提出了一个非常严肃而现实的问题："公司所有员工是否考虑过，如果有一天，公司销售额下滑、利润下滑甚至破产，我们怎么办？我们公司的太平时间太长了，在和平时期升的官太多了，这也许就是我们的灾难。"

任正非建议员工警惕外部的竞争对手，同时也要注意内部的竞争者，末位淘汰制的出现体现了任正非的良苦用心，同时也给员工带来了压力和危机感。在华为公司，几乎没有任何人敢在工作中懈怠，因为所有人都明白只要自己没有进步，只要自己没有及时提升自己的能力，那么很快就会被人超越，直至被淘汰。这也是为什么华为公司的员工在下班时间到了之后，没有人愿意按时打卡下班，因为所有人都想要比别人多加哪怕几分钟的班，都希望能够比别人做得更多一些。

有句古话说得好："生于忧患，死于安乐。"过于安逸的生活和工作环境会消磨人的意志，会抹杀人的上进心和危机意识，因此一定要了解竞争的残酷性，要善于发现不利的环境因素，并尽可能做到防患于未然。

在很多时候，竞争者比拼的是硬实力，谁的资源更多、技术更先进、市场份额更大，谁就占有更大的优势。不过这种比拼是暂时的，所谓的竞争优势也是暂时的，它们并不会长久地成为企业生存和发展的保障，也无法真正左右未来形势的发展。

很多员工会在工作中产生依赖心理，这种依赖心理体现在很多方面。比如，有的员工认为自己毕业于名牌大学或者是海归人士，学历和能力出类拔萃，因此总是觉得自己高人一等，觉得自己即便不奋斗也能领先其他人。这样的优越感往往会成为个人职业发展过程中的绊脚石，毕竟一个人越是过分依赖和看重自己现有的优势，就越容易输掉未来。在华为公司，员工们都能够清醒地意识到，学历除了帮助自己进入华为公司，并没有什么重要作用，如果依赖自己的身份和学历，那么迟早会被淘汰。

社会总是向前发展的，但优胜劣汰的法则永远不会变，能够更好地生存和发展下去的人，永远都是占据优势的一方，永远都是不断提升和强化自身能力的一方，而那些坐吃山空、故步自封、盲目自大、缺乏危机意识和上进心的人，最终会成为激烈竞争下的牺牲品。都说职场如战场，只有那些保持清醒的头脑，理性地意识到自身的危机，并坚持与时俱进、不断提升自己的人，才能获得更大的生存机会，才有机会在竞争中始终保持主动权。

末位淘汰制让所有华为人都能够保持警惕和危机意识，而对于普通的工作者来说，即便公司没有相关的制度，也要保持危机感。无论自己处于什么位置，无论自己拥有什么样的竞争优势，无论自己多么受领导的重视，都应该对未来有更为理性的规划，都应该保持谦虚低调的姿态。

比如，诺基亚曾经是世界上最大的手机生产制造商，这家跨国公司曾经一度占据了手机市场80%以上的市场份额，堪称市场的巨无霸，在这种绝对的垄断优势面前，诺基亚的管理者和员工开始变得自大了。当触屏技术渐渐兴起的时候，他们都认为根本不需要这项技术；当苹果公司开始生产iPhone手机时，他们觉得对自己构不成任何威胁，结果短短几年时间，苹果就超越了诺基亚，并且最终导致诺基亚的危机，而诺基亚的多数员工不是面临失业就是找不到好工作。

对于任何一个企业、任何一个人来说，想要确保自己能够长久地生存下去，能够长久地保持竞争优势，一定要建立危机意识并进行危机管理。无论领先还是落后别人，都要不断努力提升自己的实力，当别人原地踏步的时候，一定要加快前进的脚步；而当别人都在进步的时候，自己则要进步得更多，以确保自己不会成为身处劣势的一方。

7. “在创新中走出自己的道路”

任何规范的东西都需要不断创新。

——任正非

华为公司的研发和创新能力是国内一流的，不过在最初的时候，华为只是一家依靠模仿起家的公司，那时候华为公司的主要业务是代理销售香港产的交换机，由于销售交换机的利润可观，华为公司也开始仿制这种产品。

随着国外先进的程控交换机进入中国市场，华为公司的利润和市场受到了极大的挤压，这时候华为人意识到只有生产出属于自己的交换机，才能够真正赢得市场。而且一味模仿别人的产品会对国内的企业造成冲击，影响国内企业发展的生态环境。不过，由于技术都被一些国际跨国公司所掌握，华为想要实现发展和突围，只能通过独立自主进行研发。在这样的环境和条件下，华为人为了响应任正非关于“在创新中走出自己的道路”的号召，开始主动摸索和自主创新，并最终获得了成功。

为了提升员工的创新意识，华为会提升创新人员的薪酬，任正非说：“一个人在最佳角色、最佳贡献时段，要给他最合理的报酬。”在华为，创新能力最强的人最容易获得奖励，而且工资会比同级别的员工更高一些。在此之后，创新成了华为的标签，成了华为企业文化的一部分，也成了华为人工作的主题。

华为人对于创新的态度和追求，完全可以理解，因为创新是促进现代企业发展和个人进步的强大动力，创新往往可以带来更出色的技术、更合理的管理、更科学的工作方式，以及更大的竞争优势。从发展的本质来说，任何技术和体制都会过时，只有坚持创新，才能实现突破和更新，才能永远保持前进的方向，才能不断实现超越。而从企业和个人发展的角度来看，创新的作用在于“价值”的增长，因为无论是技术还是方法都有一个价值限度，所能发挥和创造的价值不可能是无限的，只有进行创新，突破原有的限度，才能创造新的更高的价值。

很多时候，价值的最大化或者利益的最大化只是一个相对概念，是针对现有的条件和环境提出的，其实只要稍微改变这个条件，或者改变那些能够影响条件的重要因素，那么“价值的最大化”也就不成立了，因此更合适的说法应该是“价值更大化”，而创新往往是促进价值更大化的前提。

有些员工在工作中面对老板和上司提出的要求时，常常会说“我已经做得够好了”“我的工作已经做到极致了”，这些话可能符合实际情况，在现有的技术和资源条件下，他们或许真的难以再更进一步，不过员工可能忽略了一个重要的问题：自身的主观能动性和创造力。尽管客观条件难以提供更多的帮助，可是员工完全可以进行创新，改进自己的工作流程，创新自己的工作方法，或者选择新技术，这些都是尽可能提升工作价值的要素。

比如，2G技术曾经是华为公司的强项，在2G技术的多项领域内，华为都是领先者，不过由于2G技术本身的限制，导致华为的发展难以获得更高的突破。正因为如此，当3G技术出现的时候，华为公司立即意识到了它的重要性，于是任正非下达了死命令，要求员工一定要自主研发3G技术，并很快成立了研发团队。

经过一段时间的辛苦摸索和改进研究，华为的3G技术慢慢成形，并不断成熟起来。结果在2009年第一季度的全球移动通信设备市场排名中，华为技术以15%的全球市场份额占据第三位，仅次于通信设备的老大爱立信的33%和西门子的21%。华为公司的3G技术与其他公司不同，有着自己的技术优势，正是因为这些不断提升的优势，使得华为公司很快又成了全球市场上的第一名，接着华为又开始投入4G的研发当中。而从2G到3G再到后来的4G时代，华为始终坚持技术改进和技术创新，不断挖掘通信领域的发展潜力。为了兼顾客户的需求，华为的研发人员设计了一款名叫“SingleRAN”的产品，它具备了在一个机柜内实现2G、3G、4G三种无线通信制式的融合功能，理论上可以为客户节约50%的建设成本，而且很环保，因此为华为赢得了很大的市场份额。

从华为的发展经验可以看出，创新的确能够给企业或个人带来很大的发展。不过在追求创新的时候，也要懂得进行合理创新，比如创新要符合实践，并应用于实践中。任正非曾经对研发者说：“你们要做工程师商人。”也就是说，研发和创新的技术产品需要应用到实践当中，并能够产生价值和效益。很多员工拥有奇思妙想，拥有很不错的想象力，也能设计出各种颇有特色的东西，可是这些新理念、新技术、新方法如果不能运用到实践活动中，不能在生产和发展中发挥作用，那么就没有任何价值。

另外，创新并不是彻底的颠覆和改革，而是改进。很多人认为创新就是颠覆传统，就是反对并打破现有的东西，因此往往费尽周折地摸索，结果忙碌之后要么是一无所获，要么就是创新成果与现实完全脱节，难以运用和实施。任正非曾经说过：“十次小改进就是小创新，一百次小改进就是大创新。”所以，华为人的创新往往是一种改进，而不是创造一种前所未有的新东西。

对企业或者个人来说，虽然创新很有必要，也很重要，但是创新不能过于盲目，合理进行创新、进行合理创新，才是企业和个人发展真正需要的，也才能真正促进企业和个人的发展。

8. “木桶理论”

华为组织结构的不均衡，是低效率的运作结构。就像一个桶装水多少取决于短的一块木板一样，不均衡的地方就是流程的瓶颈。

——任正非

在管理学上，有一个著名的“木桶理论”：木桶通常是由许多块木板箍成的，盛水量也是由这些木板共同决定的。若其中一块木板很短，则此木桶的盛水量就被短板所限制。这块短板就成了这个木桶盛水量的限制因素（短板效应）。若要使此木桶盛水量增加，只有换掉短板或将短板加长才可以。

“木桶理论”在社会上非常常见，尤其是在企业管理中，更是一个难以回避的话题。通常情况下，企业在发展中的焦点集中在一些优势项目上，这些优势就是企业“木桶”中最长的那一块木板，而且大家都会认为只有把握自己的优势，重点发展自己的优势项目，才能够在日益激烈的竞争中赢得先机。不过，很多人忽视了决定企业发展的另一个关键性因素：短板。任何企业都会存在短板，都有相对薄弱的环节，而这些环节通常是企业发展的隐患，也是对手进行打击的重点。

“木桶理论”的核心思想在于，水桶盛水的容量并不取决于最长的那块板，而是取决于最短的那块。因此，只要存在短板，那么无论最长的那块板加长多少，最终的盛水量都不会得到提升，除非能够加长短板。从竞争的角度来说，显然是劣势决定了优势，决定了生存的概率，而这恰恰是市场竞争残酷性的重要体现。

华为公司在很长一段时间内，重视员工的艰苦奋斗，重视公司的人力资源，那时候的华为总是能够轻易调动大量的人力和资源集中攻克技术难题和市场，而且几乎每个员工都能够通过加班加点来创造更大的价值。这样的人力资源优势和加班文化曾经给华为的发展带来很大的帮助，可是随着华为的不断扩张和发展，华为公司管理不善的问题日益突出，很快就成了制约华为公司发展的瓶颈，而且先前的人力资源优势也因为管理不佳出现了负面效应。

为此，任正非多年来一直提倡均衡发展，认为“均衡是生产力的最有效形态”。他在《华为的冬天》一文中提道：“均衡发展，就是抓短的一块木板，不能靠没完没了地加班，所以一定要改进我们的管理。在管理改进中，一定要强调改进我们木板最短的那一块。”这一时期，改进管理成了华为发展过程中的重中之重，管理者也在想办法改进自己的管理方式。

经过一段时间的摸索，华为人认为应该让企业的管理走向职业化、规范化、表格化、模板化的道路，为此华为公司先后和IBM公司、Hay、Mercer、PwC、德勤、FhG、盖洛普、NFO-TNS、Oracle等公司进行合作，开始从业务流程、组织、品质控制、人力资源、财务客户满意度等六个方面进行系统变革，逐步补强了自己的短板。华为人狠抓薄弱环节的做法为自己的后续发展奠定了基础，他们在工作中变得更加专注，分工更加明确，工作效率也更高，人力资源得到更加充分的利用。

对于任何公司或者个人而言，都应该做到扬长避短，既要想办法争取扩大自己的优势，同时也要想办法改进自己的缺点和不足，要懂得强化和提升自己的弱势项目。如果将企业或个人的发展比作一列高速前进的动车组，动车组的优势在于动力装置的强大，但轮对同样很重要，如果轮对质量不好，就很容易脱轨，即便动力装置再强大也无济于事，动车组最终还是难以长时间保持高速前行的状态。

面对激烈的竞争，保持自己的优势非常重要，不过也不要留下明显的破绽和弱点，因为这些弱点往往更加致命，只要稍不留心，就很有可能让竞争对手乘虚而入，甚至会面临灭顶之灾。关注自己的弱点并加以改进，并不是要求每个企业、每个人都要面面俱到，并不是要求所有方面都要做到最好，而是应该保持一种均衡，即在发展优势项目时，要懂得兼顾弱势项目，这样一来，整体的发展才不会被拖后腿。

“木桶理论”的存在为企业和个人的发展提供了一种更为健康合理的模式，而以往的片面追求某一方面优势的做法并不可取，即便要扩展自己的优势，也应该以弥补缺陷为基础，否则就会造成发展的失衡。从长远的发展来看，这种失衡会导致发展滞后。

任正非认为“木桶理论”的关键在于找出发展中的短板，因此在具体实践“木桶理论”时，首先就要找出薄弱环节，改进薄弱环节，然后再找出改进后的薄弱环节，接着再次进行改进，坚持循环下去，就能够尽可能地将所有的薄弱环节改正。需要注意的是，所谓的薄弱环节并不仅仅是指人，在企业中，很多时候，技术、管理、职能部门都可能成为发展中的软肋，所以在自我改革和提升的时候，要将眼光放得更加宽阔、长远一些。

9. 挫折中更需要坚守

烧不死的鸟就是凤凰。

——任正非

1996年，华为公司出现了市场部员工大规模辞职的罕见情况，从华为副总裁孙亚芳为首的华为市场部中高层开始，到各个区域办事处主任，所有办事处主任以上的干部，都主动提出辞职，然后重新竞争上岗，坚决践行“先辞职，再重新竞业”的方式。市场部员工重新与公司签订1～3年的劳动合同，并废除现行的工号制度，所有工号重新排序。

当时，市场部员工在提交辞职报告的同时，还要填写一份述职报告和下一年度的工作计划。公司会按照员工平时的业绩和拟订的工作计划，对员工进行认真分析，然后对其个人表现、发展潜力和发展需要做出客观、合理的评价，之后根据这些评价来决定该批准辞职报告还是批准述职报告。如果公司批准的是辞职报告，那么这名员工就要离开原有岗位，很可能会被降职处理，如果员工觉得不满意，也可以选择直接离开公司；如果公司批准的是述职报告，则意味着员工顺利通过了考核，或者说业绩已经达标，该员工就可以在原岗位重新上岗，评价分数高的还能够得到提拔和重用。

市场部干部在这次大辞职之后经历了全面“洗盘”，虽然很多有才能的人被提到工作岗位上去，但与此同时也有很多身处高位的干部被替换下来，回到普通员工岗位，可以说多年的奋斗付诸东流。

当时，任正非安慰说：“我们要求降职的干部，要调整好心态，正确地反思，在新的工作岗位上振作起来，不要自怨自艾，也不要牢骚满腹。在什么地方跌倒就在什么地方爬起来。特别是那些受委屈而降职的干部，要无怨无悔地继续努力，以实际行动来证明自己，这些人是公司宝贵的财富，是将来继承大业的可贵人才。组织也会犯错误的，一时对一个人评价不公是存在的。”

那时候，有很多人批评任正非的无情，认为华为是一家冷血的公司，可是在任正非看来，离开岗位或者降职处理并不意味着一无所有，如果员工肯努力，能够努力改进和提高自己，同样可以依靠自己的努力重新爬上去。

比如，当年市场部代总裁毛生江，他在辞职之前是市场部仅次于孙亚芳的二号人物，可是经过辞职再竞业之后他降职为终端事业部总经理，薪酬也大幅削减。作为市场部曾经的风云人物及当权派，毛生江的遭遇令人惋惜，他自己有一段时间也很在意这件事，不过他很快爆发出了工作激情，并顶住了工作中的巨大压力，在山东办事处做出了出色的成绩。2000年初毛生江重新回到总部，并升职为公司的执行副总裁。

尽管有少部分降职的干部离开了公司，但也有很多像毛生江一样的员工坚持奋斗和提升自己，经过努力重新回到了原来的岗位，或者被提升至更高的岗位上。任正非称赞他们是烧不死的鸟，他觉得只有那些不怕挫折能在挫折中坚持奋进的人才是真正的能人。

华为正是凭借这种能上能下的文化基因和管理制度，保证了人力资源的流动性和员工队伍的活力，保证了整个队伍的竞争意识。“烧不死的鸟是凤凰”这个口号从这一时期开始传出，并成了华为公司的一条重要标语，也成了华为人“自我提升、自我激励”的一个文化符号。

如何在失败和挫折中站起来，是每个人都会遇到，也必须去面对的事，是在失败中彻底沉沦，还是在挫折中浴火重生，往往取决于个人的心态和选择。对于很多人而言，将自己从原来的岗位上调整下来，不仅侵犯了自身切实的利益，而且还关乎面子问题，因此对自信心会是很大的打击。但是反过来说，这种打击也可能会带来更多的激励，会提醒自己要努力争回一口气，努力向所有人证明自己的才能与价值。

俗话说“唯有痛苦能够带来教益”，失败的反向激励有时候比正面的奖励更加有效，因此对于每一个员工来说，要做的不是如何谨慎地让自己避免挫折，也不应该轻易就被挫折击倒，而应该将失败当成前进的动力，将自己失去的东西当成重新追求的目标。人生就需要接受烈火的磨炼，需要在挫折中提升自己的抗压能力，提升自己的弱点，而只有坦然面对失败，并经受更多困难的洗礼，才有机会真正变强，也才能在工作中重新赢得尊重和信任。

在华为人看来，任何失败和挫折都不过是一次契机，是一次自我救赎的契机，他们认为自己之所以会面临挫折，原因恰恰在于自身的不足，因此失败虽然带来了难堪，但是暴露了自己的不足和缺陷。以这个结果为导向，华为人就能够根据自身的缺点加以改进。

从这方面来说，华为人的成功实际上具有普遍意义，但对于任何一个人来说，前提是他们是否有足够的勇气来面对这些，是否有足够的自知之明和觉悟，如果不能正确地看待自己的失败，那么最终等待自己的就只有被淘汰。

10. 先僵化，后优化，再固化

> 华为是一群从青纱帐里出来的八路，还习惯于埋个地雷、端个炮楼的工作方法，还不习惯于职业化、表格化、模板化、规范化的管理。重复劳动、重叠的管理还十分多，这就是效率不高的根源。在引进新管理体系时，要先僵化，后优化，再固化。
>
> ——任正非

在20世纪90年代，中国企业出现了管理制度改革井喷的现象，因为中国有很多企业在那段时期开始实现快速扩张，而快速扩张的同时，暴露了企业的发展受制于落后的管理制度和管理体制，因此改革被提上议程。当时改革的重点是从西方发达国家引入一些先进的制度和体系，但是这一阶段的制度引进很多时候都是在盲目的状态下进行的。

很多企业和企业家根本不了解外国的管理制度，也根本不知道这些制度是不是适合自己，是否能够满足自己改革的要求，是否能够解决管理中的问题。所以，常常会出现各个公司疯狂引入管理制度，有的公司是完全照搬，而一旦出现问题，又开始完全否定，然后引入其他的制度。由于缺乏了解，也缺乏明确的规划，很多企业都在匆匆忙忙地赶场，最终收效甚微。

在这一方面，任正非显然思想更加成熟，做得也更好。他首先明确找出了公司存在的问题，然后对症下药，去欧洲和日本进行考察，希望找到适合华为的管理制度，像IBM、朗讯、Hay、西门子等公司都是华为学习的对象，而且华为的确从这些公司引入了一些不错的制度。不过，在引进的时候，华为并没有像其他公司一样囫囵吞枣，没有直接生搬硬套并将其生吞活剥。

任正非建议所有华为人都要按照步骤，井然有序地对这些制度进行吸收和消化，为此，他提出了“僵化”、“优化”和“固化”的三步走战略，以便能够将那些管理体系和先进的思想更好地融入工作中。

他之所以首先主张“僵化”，就是因为担心引入的制度会引起员工的反感和不适，毕竟这些制度并不一定完全适应公司的环境，而且管理体制中的一些制度可能会触及某些人的利益，从而引起他们的抵触。针对这些情况，任正非决定强制套用这些体制，他建议员工要削足适履，主动迎合外国的管理模式，因为这些管理模式和系统都是经过实践考验的，具有足够的说服力，员工必须先全盘接受它们。

任正非曾经和Hay公司的高级顾问进行过一次真诚的谈话，他明确表态："我们引入Hay公司的薪酬和绩效管理，是因为我们看到，继续沿用过去的土方法尽管眼前还能活着，但不能保证我们今后继续活下去，现在我们需要脱下'草鞋'，换上一双'美国鞋'。穿新鞋走老路当然不行，我们要走的是世界领先企业所走过的路。这些企业已经活了很长时间，他们走过的路被证明是一条企业生存之路，这就是我们先僵化和机械地引入Hay系统的唯一理由。"

在原汁原味地引入国外先进的管理系统之后，任正非开始实施自己的优化策略，简单来说，就是根据华为公司的具体情况来优化引入的模式和制度。国外的制度虽然很先进，而且经得起实践的考验，不过那是在外国公司，而中国有自己的国情，华为也有自己的特点，如果盲目地照搬和复制外国公司的发展模式，可能会带来一些负面效果。为了让外国先进的模式以及制度更好地融入华为公司，就一定要对应着华为的实际情况和发展特点进行一定程度的改良和优化。一方面，对于引入的东西不能全盘接受，也不能全盘否定，而应该吸收其中的精华；另一方面，华为人要主动改进自身，坚持自我批判和自我认识，以此来优化自己，并将自己的成果和优化后的新思想有机结合起来。

优化之后，就需要进行固化。因为任正非明白虽然管理思想需要不断变化和革新，但这种变化应该是时段性的，应该是一段时间内相对稳定的变化。如果长期进行优化，就会变得很不稳定，因此改良创新之后的新思想需要进行固化，要确保形成一个规范化的体系。

为了达到固化的目的，任正非先采用例行化的方法，将例外事项变成例行事项，一些没有规定和管理的事务开始变成规定和惯例，然后实施在流程当中。通过例行化，华为公司原先的对人负责制渐渐转化为对事负责制。接着，为了防止过度创新和变动，任正非主张将例行化的制度加以规范，进行模板化和标准化，以便更为合理地控制流程。

华为公司在坚持“三步走”的战略之后，很快建立起自己的管理模式，而这样的成功恰恰显示了华为人独特的发展理念和管理方式。实际上，直到今天，仍然有很多企业在为如何打造先进合理的管理制度而头痛，这种纠结多半和管理水平以及管理者的心态有关。比如，很多企业家拥有聪明的头脑，也非常善于思考，不过正是因为思想过于活跃，办事时总是喜欢想来想去，容易改弦更张，常常动不动就全盘接受或全盘否定，而这是落实企业管理体制的大忌。

这些人在工作中缺乏足够的耐性和理性，对于新事物、新技术的接受能力有限，常常觉得一些新技术和新工具非常好用，就会盲目地在公司内部进行推广，就要急不可耐地丢掉老一套的东西，或者进行改革。到最后常常会发现这些新事物根本不适合自己，根本无法为自己创造更多的价值，结果只好放弃，这样就造成了时间和资源的巨大浪费。

华为人在工作中总是坚守原则，不会轻易去运用新事物。比如，公司规定，即便原先的工作方式存在问题，即便有了更好的新技术和新工具，任何员工都不能擅自运用或者进行改良。员工应该先进行分析，以确定是否合用，然后再僵化地运用，出现问题时再加以优化和改良，等到改良到一定程度，就可以形成规范化的操作，这样就能够正式运用了。

任何一个创业者或员工，都需要注意这个问题，引入先进体系或者技术来提升自己的工作本身并没有错，可是如果不经过充分的考察和考虑，就盲目复制，不按照科学合理的程序就盲目改良，那么很可能会弄巧成拙。合理的做法应该是在有选择性的拿来主义的基础上，实施改良，最后加以固化，这样才能让好东西为自己所用。

第九章

更快乐地工作

在工作中，员工往往会出现职业倦怠症，会出现一些私人生活问题，很多时候就是因为过度投入工作导致工作与生活出现失衡。在华为公司，员工们常常因为努力工作而忽略对个人生活的享受。为了解决这个问题，华为公司一直鼓励员工在工作之余，要努力丰富自己的生活，尽量留点时间来享受私人时间，以此来实现工作和生活的平衡。此外，要建立正确的工作信仰，确保工作始终保持干劲，确保能够在工作中找到更多的乐趣。

1. “享受生活同样很重要”

有机会去北京，可以去景山公园看看，从西门进去，那儿是一片歌的海洋，热得像海啸一样奔放，这些都是垂暮之年的老人，几十人一组，几百人一团，都在放声歌唱，多么乐观，多么豁达。看看他们的夕阳红，你为什么不等到那一天？

——任正非

很多人工作不在状态，常常无精打采，情绪低落，有可能就是因为被一些生活中的私事所困扰，比如家人关系不和睦、夫妻感情不和谐。通常出现这些问题的原因在于员工过于沉迷在工作当中，而忽略了与家人的相处。有些工作狂每周与家人聚在一起的时间甚至不超过24个小时，长时间下去，不仅增加了自己的工作压力，而且也容易导致自己与爱人、孩子及其他亲人之间关系的疏远，这些往往是家庭关系出现矛盾的重要原因。

工作与生活从来都是密不可分的，工作的第一要务是为了挣钱养家，因此它是维持生活的基本保障，更是高品质生活的保障。但是反过来说，生活状态的好坏同样会影响工作的状态，生活质量好的人，往往有足够的信心专注于自己的工作。所以，做人应该懂得享受生活，只有会生活的人才懂得努力工作，只有会生活的人才能够有更大的动力去工作。

很多工作能力出众的人，包括一些所谓的工作达人，也会抽空去享受自己的私人生活，会陪着爱人、孩子、朋友一起外出旅游度假，这丝毫不影响他们的工作状态和业绩。一个真正懂得工作的人，往往能够平衡好自己的作息时间，他们能够充分利用自己的工作时间，至于平时的休息时间，则用来缓解疲劳、调节身心，以便给自己的身体充电。

任正非多年来一直提倡艰苦奋斗的工作精神，甚至鼓励员工通过加班去创造更大的价值，但是在长年累月的高强度工作中，他发现了员工身上出现的一些负面效应，于是改变了自己的想法，觉得员工在享受工作带来的充实感和成就感时，也要享受生活带来的轻松自在与多姿多彩。

过去很多华为人能挣钱，但是不会花钱，不知道用钱来提高生活质量，不知道花钱享受，任正非教育他们要敢于花钱，花大钱。在他看来，“带着全家出国旅游，就能体会到劳动光荣，自己有钱，带着全家玩儿，就会有这种感慨，终于感慨劳动是光荣的”。正因为如此，华为每一年都会安排一批人出去度假，去各地的风景名胜区游玩。华为的员工只要在不影响自己工作的前提下，完全可以抽空去各地方旅游，可以自由安排自己的业余时间。假期结束后，他们又能够快速投入到工作中去，而且干劲往往更足。华为人的工作理念就是：工作时要不遗余力，休息时要尽量放松，要充分享受个人时间或者与家人在一起的时光。

华为公司虽然管理非常严格，但一直倡导员工自觉自愿，自我娱乐，参与各种社会活动。华为公司早期业务繁忙，竞争压力很大，员工们经常加班加点地工作，但即便是那个时候，费敏、徐直军等人还经常会在周末的夜晚聚在一起聊天儿，一大批人坐在一起喝茶，谈一谈生活、谈一谈业务、谈一谈未来，彼此排遣工作的压力和生活的枯燥寂寞。任正非曾经倡议那些只知道工作不知道休息的员工向徐直军他们学习，以培养更多的生活兴趣，充实自己的业余生活。

工作与生活的平衡关系，一直以来都是一个职场上绕不开的话题，也是一个很难解决的社会问题。很多人出现了难以融入社会生活、难以保证生活质量的状况，就是因为没有将生活放在与工作同等重要的位置上来。工作与生活应该是平等的互相促进、互相融合的关系，而非一种对立。

首先，这种对等关系应该体现在时间的安排上。现在一般都实行8小时工作制，员工基本上都是按时打卡上下班，那么在下班之后，实际上完全有自己私人的时间。下班之后可以做自己喜欢做的事，可以充分享受一家人团聚的乐趣。

其次，工作与生活的对等体现在重视程度上，在工作的时候要保持足够的专注度和激情，要倾尽全力去做，而在面对生活的时候，也要拿出足够的兴趣和专注。有些人在休闲的时候也闲不住，总是想着工作的事，在陪同家人游玩的时候，也是业务电话打个不停，这样可能会破坏与家人在一起的氛围和兴致。很多社会学家和管理学家建议工作者“不要将工作带进家门”，以免对工作与生活都造成影响。

最后，要注意挖掘生活中的乐趣。那些一心埋头工作或者很少参加什么社会活动的人，往往都有一个共同点，那就是缺少兴趣爱好。下班后除了吃饭、睡觉，完全找不到任何喜欢做的事情，因此会将全部精力和时间都投入到工作中去，并将工作当成自己人生的全部。但生活中有很多美好的事物，有很多值得关注的东西，关键在于能否找到。正因为如此，喜欢工作的人平时应该更多地放松自己，要融入自己的家庭和朋友中，要尽量挖掘和培养自己的兴趣爱好，从而提升自己对于生活的兴趣。

其实，从生活的本质来说，工作本身就是生活中的一部分，员工不能因小失大，不能舍本逐利，那些生活状态一团糟糕的人，即便再努力、再投入，也难以做出出色的业绩，也难以在工作中找到应有的快乐。

2. “员工不能把钱太当一回事”

员工年纪轻轻太有钱了，会变得懒惰，对他们个人的成长也不会有利。

——任正非

工作的目的是什么？可能多数人都会回答说钱，很显然，挣钱是所有工作者和上班人员最直接的动机，也是最基本的动机，因为个人以及家庭生活通常就是建立在物质基础上的，整个家庭的运作和个人生活的体验都需要依靠金钱来支撑。一家人的生活费、伙食费、医疗费、学费、保险费、水电费等开支，都需要通过工作来保障。

任正非也说过：“我们在工作和发展的过程中，目的就是为了挣更多的钱。”他认为员工可以喜欢钱，可以追求钱，但是却建议他们不要把钱看得太重要，更不要成为守财奴。任正非之所以会这样说，一方面是因为很多华为员工不舍得花钱，导致生活单调乏味，甚至影响工作状态；另一方面过度看重金钱在工作中的作用和地位，常常会导致员工的迷失，比如员工在个人利益面前可能会弃团队利益于不顾，可能会因为个人诉求得不到满足而轻易跳槽。

在工作中，如果把钱视作高于一切的存在，那么个人的工作态度就会发生扭曲。在华为公司，公司尽量注重对员工的培训，要求员工做好完善的职业规划，要求员工确立更高远的发展目标，而不仅仅是为了挣钱买车子、买房子。很多跟随任正非一起创业的老员工对华为公司很有感情，因此他们的工作目标与华为的发展目标是一致的，在他们看来，自己如今已经身家百万、千万甚至上亿元，而且拥有公司的股票分红，根本就不需要再用钱来证明自己，唯一的希望就是将华为继续做大做强，就是希望华为有朝一日能够成为世界上最伟大的公司。正因为能够坚持这种崇高的目标，这些老员工始终能够坚守在华为公司，能够始终在工作中保持足够的专注度。

还有一些员工也是慕名进入华为，他们在其他公司里可能会被当成重点培养的对象，甚至得到更高的待遇，不过即便这样，他们也依然坚持留在华为，因为他们相信华为能够给自己提供更好的发展平台，能够帮助自己实现理想。正因为如此，很多人根本没有将工资、奖金、福利当成最重要的考虑因素，而是把个人的发展和理想摆在了第一位。

华为人正确的金钱观实际上体现出了他们更高的职业素养，以及更高的精神境界与人生态度，他们真正将工作当成生活的一个部分，当成人生追求的一个跳板，而不是单纯用来获利的工具。因此，他们的工作劲头更足，工作状态更好，为人也更加乐观。

曾经有人问“股神”巴菲特：“为什么你那么富有了，还要去炒股？”巴菲特笑着说：“因为我喜欢股市中冒险的快感。”对巴菲特而言，钱多钱少根本不重要，关键是炒股带来的刺激感和成就感，因此他是真正在享受炒股的人，而其他炒股的人只是以挣钱为目的的投资家。

在我们的工作中，大多数人将自己的工作看成一种交易，总是觉得“我为老板打工，老板给我工资，这种利益往来交换是天经地义的事”，但上班族过于关注工资条只会把自己吊在工资条上，虽然工资在短时间内会产生一定的激励和刺激作用，不过随着工作压力的增大，随着职业倦怠的出现，员工的耐心与信心会下降，对于工作的专注度也会下降。

如今，很多企业都在追求团队精神，追求奉献精神，希望员工树立主人翁意识，仅仅以金钱为目的的工作者往往难以更好地融入工作之中，难以融入企业团队之中。过度追求金钱的人，在工作中缺乏额外的、持久的动力，也缺乏责任感，因为他会自觉地将每一份工作与自己的实际工资进行匹配，而很少会去做那些与自己工资不匹配的工作，一项工作如果不能带来更多的钱，或者难度上超出了自己的预期，那么就可能会消极对待。

人生有时候需要更高的追求，应该有更高的工作信仰和目标，也要尽量站在更高的点上来看待自己的生活与工作，挣钱是一种需求，但自我价值的展示与实现也是一种需求。工资的多少往往只能显示出一个人做了多少，只有将工作当成一种事业来看待，才能体现出自己的价值所在。任正非提出“工者有其股”的理念，将自己的股份不断进行稀释，正显示了他超脱金钱的一面，在他看来，华为就是自己最大的事业，而真正的事业是不会计较工资有多少、奖金有多少的。

因此无论是谁，都不要仅仅为钱而工作，不要将挣钱当成工作的全部。如果能够将工作当成自己的事业甚至是一种人生的快乐体验来对待，那么自然会觉得工作是一件有价值、有意义的事情，是一个值得自己为之付出更多的项目。工作的确是可以带来物质上的满足，但工作的意义在于创造，而不是索取，把钱看得太重的人，往往把自己的工作看轻了，把自己的个人能力与价值看轻了。

3. “找最合适的工作才最重要”

公司允许员工有挑选岗位的机会，不用封建包办婚姻式的包办终身。

——任正非

国际劳工组织曾经做过一项调查，发现高达50%以上的工作人员对自己的工作感到不满意，其中刚毕业的大学生对于工作不满意的比例更高，达65%。其中，绝大部分大学毕业生觉得工作很累，和自己的专业和兴趣不对口，因此难以适应。另外，一部分大学毕业生觉得工作与自己的期望差距太大，工作之后才觉得一切都不那么顺心如意。

同时，调查表明多数上班族之所以会觉得工作不适应，就是因为找工作的时候过于冒失，过于重视公司的待遇和品牌，却很少有人能够耐心地寻找那些与自己专业对路，或者适合自己发挥能力的职业。事实的确如此，现在的上班族所看重的就是一个月能挣多少钱、福利怎样、奖金高不高，却很少考虑这份工作适不适合自己、有没有发展的空间、能不能充分释放自己的能力和体现自己的价值。

过高的工资和物质保障，的确能够给工作者带来更大的信心，也能让工作者产生更多的动力，不过这些往往是暂时的。如果工作真的不适合自己，那么随着工作的推进，问题会渐渐暴露出来，而且员工也会感到压抑和无助。一般情况下，员工会觉得能力不够，觉得工作枯燥乏味，觉得任务量大、问题多，会觉得工作没意思。

出现这些负面情况，主要原因就在于工作不对路，员工没有办法充分展现自己的价值，也没有办法引起足够的兴趣，更谈不上专注。任正非曾经通过媒体劝告即将毕业的大学生不要盲目选择职业或企业，在他看来，“很多人都想要来华为上班，有这个梦想是好的，但是也要看一看自己是不是真的适合来华为上班，是不是能够习惯华为的工作方式。不能因为公司好、待遇好、有面子，就盲目选择大公司，就选择那些最挣钱的职业，如果工作不适合自己，那么即便条件再好，也会觉得很痛苦。”

华为公司在招聘人才的时候，往往会给予应聘者很大的自主选择权，若觉得工作不适合自己就可以提前离开，如果觉得岗位不适合自己则可以自由选择职位。实习一段时间后，华为会再次根据个人的工作表现来重新进行合理安排，尽量让每一个员工都被安排在最合适的岗位上，尽量发挥出他们潜在的价值。

几乎每一次招聘，想要进入研发部门的人都是最多的，不过到最后通常只有部分人能够留在那里，因为很多员工工作一段时间之后发现自己根本不适合搞研发，而更加适合生产或者跑市场。华为公司给了员工更多选择，这才避免了很多员工做出错误的选择，而在很多公司，员工在做出错误的抉择后往往只能将错就错，只能慢慢承受工作带来的煎熬。

很多著名的职业规划师都会建议应聘者做出科学合理的职业规划选择，而所谓的合理科学，第一条就是要选择最适合自己的企业与职业，简单来说，就是“你最适合做什么”，这关系到个人的学历、专业、能力、期望、兴趣以及优势。“最适合的”与“最想要的”是两码事，可是很多工作者却轻易就把两者弄混淆了。找工作时，总是抱着类似“我最想要做什么”“最好的工作什么”的心理，因此免不了将择业方向、就业方向指向热门行业、热门企业以及一些所谓的“铁饭碗”“金饭碗”，对他们来说，单纯的物质利益最大化的企业和职业就是最佳的选择。不过在面对这些“好的”“热门的”工作时，应聘者有没有想过自己是否能够顺利完成那些工作，是否能够满怀斗志地面对那些工作，是否会在工作中找到更多的快乐，又是否能拥有一个完美的前程？

对于任何一个求职者而言，工作始终是很现实的话题，但求职者不应该依据个人的主观判断和喜好来决定，而应该进行科学合理的分析，这样才有机会找到称心如意的工作，才能让自己觉得工作很自在、很充实。也许这份工作可能一开始的待遇不好，不能带来更多物质上的保障，但是只要让人觉得很舒适，让人觉得有干劲，让人觉得有施展的空间和机会，那么就值得一试。

华为人一直都被公司灌输这样的思想：在这个世界上，没有最好的工作，只有最适合的工作。那些所谓的好工作，如果你做不好，不能创造更大的价值，不能在工作中过得开心，不能展示出自己无与伦比的优势，不能实现自己的理想和目标，那么工作再好也没有丝毫意义。这就是华为人能够干一行爱一行的原因。

此外，常常会听见有人抱怨自己没有工作能力，觉得自己没有用，无论干什么都干不好，其实生活中任何人都有自己的价值，关键在于他们是否找到了合适的舞台，有没有施展的空间，在错误的工作岗位上，自然会埋没自己的才能。如果换一份合适的工作，那么就一定能够发挥出自己潜在的能力。

化学大王杜邦曾经说过：“工作是一项重要的投资。”投资重要的是耐心和眼光，投资的眼光一定要准，要选择适合自己的投资，如果只看重潜在的收益，而不去考虑自己是否了解这项投资，是不是能够把握和操作，最终也会面临很大的风险；如果只看重当前的收益而不注重长远的发展，投资很可能会遭遇失败。因此，无论什么样的工作，只有最适合自己的，往往才是最有意义的，也会是最有价值的，才会带来更多的快乐。

4.“冬天总会过去，春天一定来到”

> 我们趁着冬天，养精蓄锐，加强内部的改造，我们和日本企业一道度过这个严冬。我们定会迎来残雪消融，溪流淙淙，华为的春天也一定会来临。创业难，守成难，知难不难。高科技企业以往的成功，往往是失败之母，在这瞬息万变的信息社会，唯有惶者才能生存。
>
> ——任正非

经常听到有人说，“如果当初能够再多坚持一会儿，能够咬咬牙挺过去，也许现在就不会是这个样子了”，“如果我没有那么消极，估计现在也和别人一样活得成功了”，而当这些人在追悔自己由于没有坚持而错过成为企业家、商界领袖、亿万富翁、政治家以及其他成功人士时，也许他们根本没有想过一个最现实的问题：如果现在遭遇新的危机，你还愿意坚持下去吗？

或许对于那些习惯了抱怨和后悔的人来说，哪怕自己重新来过，也缺乏足够的勇气和耐力，他们还会做出一样的决定，还是会选择放弃，因为有些人注定了不善于坚持，注定了不懂得如何面对困境。无论在哪一种场合，无论是哪一个时间段，无论是面对什么样的困难，他们都会习惯性地消极对待，而这样的人注定了与成功无缘。

在华为公司，有一些人总是引人注目，而且也让人羡慕，他们就是早年跟着任正非一起奋斗的元老级干部和员工，这些老员工现在的地位都很高，而且享受到了公司的股份，还有很高的工资和福利，因此很多老员工都是千万富翁和亿万富翁。有些人调侃说："自己当初为什么没有早早就跟着任正非，自己当初为什么就没有意识到华为会有今天的发展，早知道会有这样的结果，当初就应该死心塌地地跟着任正非。"

这些玩笑话道出了很多人的心声，不过这些调侃与羡慕的人或许没有意识到那些老员工在成功道路上的艰辛、坚定与忠诚。其实，在华为最初发展的时候，公司的注册资本只有2万元，而且面临着人才短缺、技术匮乏、管理不善、竞争压力大等诸多问题，公司的发展举步维艰。在最困难的时期，正是这些老员工始终坚守在任正非的身边，没有资金时，任正非自己不仅没有任何薪酬，有时还要倒贴，甚至不得以要去借高利贷，而老员工们也常常干脆不要工资，连续几个月给任正非白白打工。

在最困难的时候，他们始终没有放弃任正非，也没有选择离开华为，而是经常夜以继日地搞研发、搞生产，每个人都将自己的全部精力放在了企业的生产和发展上。大家始终对未来充满信心，始终觉得只要坚持下去，就一定能够生产出属于自己的机器设备，就一定会拥有自己的交换机。

可以说，华为老员工之所以能有今天的地位和成就，除了能力之外，还拥有坚强的毅力与乐观的品质，就像任正非说的那样，“大家都是熬过来的”。无论他们遇到什么问题，都能够乐观面对。不仅仅是老员工，几乎每个华为人都在工作中遭遇过困难，都经历过工作的低潮期，可是每一次他们都能够坚强面对，都能够保持对未来的希望。

其实，人生中总会有高潮，也总是免不了要经历低谷，每个人都会遇到自己的寒冬期，那么如何才能更好地应对这些危机呢？最直接、最简单有效的方法就是保持乐观，坚持下去。如果你始终笑着坚持面对，那么问题总有一天会得到解决，困难总有一天会过去；如果过度放大工作中的困难，消极面对眼前的困境，最终也无法获得成功。

任正非觉得保持乐观很重要，尤其在工作中更要懂得微笑面对各种困难，要坚信一切问题都可以得到解决。

首先，困难不会永久存在，也不会有永久性的低谷，只要坚持下去，只要不放弃希望，就一定能够挺过去。在华为公司，很多新员工都会经历一段不适应期，会感觉到压力很大，感觉到很无助，会发现自己总是犯错，总是被上级斥责，可是坚持一段时间之后，就会发现情况慢慢好转了，自己在工作中也更加得心应手。任正非常说一句话：“那么困难的日子都能熬过来，现在也一定能熬过去的。”

其次，任何企业都是一个团队，一个人的能力或许有限，但是当所有人的力量合成一股力的时候，困难就会大大降低，希望也会大大增加。因此，在工作出现问题或者遭遇难题时，一定要主动请求同事、上级的帮忙，要主动和别人合作，以此来减轻身上的压力和风险，同时提升解决问题的概率。任正非提出的“败则拼死相救”正好体现出了这种合作精神。

此外，很多人之所以会在困难面前感到绝望，但往往不过是因为没有找到合适的方法，所以员工不要轻言放弃，而应该积极寻求解决问题的办法，要主动去尝试不同的方案，而且只要肯努力、肯坚持，就一定能够找到最佳的解决之道。

任正非乐观地说：“冬天总会过去，春天一定来到。”另一位民营企业家马云也说过：“这个世界上最痛苦的就是坚持，最快乐的也是坚持。”在身处困境时，他们从不放弃任何希望，从不轻言退出，不仅勇敢面对危机，还把各种困难和危机当成历练的机会。正是因为这份乐观，他们最终比谁都走得更远，比谁都更加成功。

5. “只要你想快乐，一定会快乐”

以前有句“佛在你心中”，快乐也在你心中，不在别人那儿，你自己心里面不快乐，外面再好你也不快乐。

——任正非

“职业倦怠症”是最近几年才引起重视的一个专有名词，意指那些个体在工作重压下产生的身心疲劳与耗竭的状态。一般认为，职业倦怠是个体不能顺利应对工作压力时的一种极端反应，是个体伴随于长时期压力体验下而产生的情感、态度和行为的衰竭状态。在职场上，职业倦怠症是一个普遍现象，据统计，高达7%的职场人士患有不同程度的职业倦怠症，而且这一比例还在不断增长。

患有职业倦怠症的人往往表现出不快乐的情绪，比如，对工作丧失热情，工作中容易出现情绪烦躁、暴怒的情况，且对前途感到无望，对周围的人和事物也漠不关心；工作态度越来越消极，对服务或接触的对象缺乏足够的耐心，言行举止不够温和友好；自我感觉很糟糕，对自己工作的意义和价值评价下降，开始经常性地迟到早退，甚至开始打算跳槽和转行。

职业倦怠症既包括身体上的疲劳，尤其是过度疲劳导致的眼花、头痛、四肢酸痛、失眠、消化不良以及一些慢性疾病；同时也包含了心理上的压力以及失落感，很多员工会出现社交恐惧以及抑郁症。正因为如此，如何让员工更加快乐地工作，如何让员工在工作中保持兴趣和斗志，几乎成了管理者的一个重点课题。

在华为公司，由于工作强度比较高，有些员工出现了抑郁症，任正非非常重视和关心这件事，他明白一旦员工出现了类似的心理问题，往往会影响工作状态。2008年，华为公司首次设立了首席员工健康与安全官，其下还专门设立了健康指导中心。其主要职能是规范员工的饮食、饮水、办公等健康标准和疾病预防工作，提供健康与心理咨询。员工们只要有心理问题，或者感到心理不适，就可以主动去咨询，而每隔一段时间，公司还会对员工进行心理调查，及时了解员工的心理状态，并进行疏导。

在2008年下半年以后，任正非要求公司的干部更多地关怀员工，要注意及时和员工进行沟通。每隔一段时间公司高层必须给员工发送邮件，提醒员工注意劳逸结合，注意保持身体健康。为了减缓员工的心理压力和精神负担，任正非还专门成立了荣誉部，聘用了一些德高望重的心理教授对员工进行心理疏导，这样不仅能够及时帮助员工排遣压力，引导员工走出心理误区，消除心理健康的隐患，同时能够引导员工更加轻松快乐地工作，而这种心理辅导模式实际上成了华为公司管理的一部分。

除此之外，任正非建议员工们进行自我调节，要善于发现工作的乐趣，要懂得自我调节，做到劳逸结合，让自己的工作生活更加有滋有味。华为公司有很多员工因为工作压力过大而患上了抑郁症，任正非知道后，就给他们写了一封信，他在信中再三强调："任何时候、任何处境都不要对生活失去信心。"

任正非认为每个人都应该抱有乐观向上的生活态度，都要对未来充满信心，同时要善于调节自己的工作方式与生活方式，不要总是将自己归档于工作中的人，更不要因此忽略工作和生活中的乐趣。他觉得快乐地工作、快乐地生活，才是提升工作状态并缓解工作压力的重要方式。

提起工作，多数上班族可能会感到无奈，觉得工作就是一项折磨人的事，甚至是生活的一个义务，加上工作压力大、工作枯燥重复、工作环境不佳、待遇不满意等原因，他们自然会满腹牢骚，以致情绪低落。不过实际上工作并不一定就是折磨，只要改变心态，改变方法，工作一样可以很快乐，一样可以让人感到轻松和自在。

任正非几乎每天都在加班，乔布斯每天只睡四五个小时，扎克·伯格待在办公室里的时间比任何一个员工都要长，但他们从来不曾抱怨过自己很累，从来没有认为工作是一个折磨人的东西，反而非常高兴地投入其中。对他们而言，工作一直都很忙碌，但却是一种快乐的体验，也是一种自我实现的方式，因此，普通上班族想要消除职业倦怠症的影响，关键在于调节情绪，改善自己的工作心态，要让自己快乐起来，而快乐工作其实很简单。

首先，不要把工作当成差事来对待，毕竟工作的本质是创造价值，员工要善于在工作中挖掘自己的价值。当一个人觉得自己能够在工作中证明自己的价值和能力，或者能够创造更大的价值时，一定会拥有更强烈的成就感，也会感受到工作本身包含的魅力。

其次，要注意劳逸结合，工作累了或者不在状态的时候，应该及时放松自己，出去走一走散散心，或者看一看美丽的风景。平时则要注意给自己留一点假期，好好出去旅游一番，或者做一些自己感兴趣的事情。通过合理的安排，可以让整个生活都变得充实和丰富起来，这样一来自然不会对工作心生厌烦。

最后，改变工作方式，改变办公环境，尽量让自己的工作变得多变、有趣，而不是年复一年地面对那些枯燥的场景。很多华为员工会选择改变自己办公室的装修风格，或者将办公桌整理成另外一种风格。不同的变化会带给新鲜感，使人心情更加舒畅，哪怕是在桌上摆一个小盆景，也会更加舒适。

任正非说：“快乐的人生，无论处境多么困难，只要你想快乐，一定会快乐。”因此，员工在工作中不能让自己坠入死角，不能将自己的工作看成一种负担，而应该以更加豁达乐观的心态来面对，只要保持乐观，只要保持快乐，那么工作也就是快乐。

6. “事业不等同于干大事”

企业与学校不一样，华为公司等待你们的都是做小事。你们要把“宽广的胸怀”收起来，安安心心、踏踏实实地做小事，你们要顺应华为这个潮流，和大家一起奋斗。

——任正非

每一个上班族都有一个工作目的，或者说都有工作的动机，这些通常是人们参与工作的原动力，而提起工作目标，多数人的想法可能很简单，就是为了养家糊口，为了让自己的生活更好一些。除此之外，还有一些人似乎有着更高的理想与追求，他们的工作目标就是为了挣大钱，为了发明一个足以改变世界的产品，为了成为最著名的企业家，为了成为引领商界潮流的领袖，或者为了打造一个举世闻名的品牌，而且只为这样的目标而奋斗。

拥有这些高远目标，的确难能可贵，不过任何一个上班族 或者奋斗者都应该清醒地意识到一点，工作目标可以很远大，但是千万不要将工作等同于干大事，不要觉得只有干出大事业才能证明工作的价值，才能证明自己的价值。如果一个人总是想着干大事，总是想着去做那些最伟大的工作，反而会给自己增加不必要的精神负担和工作压力，因为任何一件大事都不会轻易完成，都需要解决很多难题。此外，过高的自我要求和自我加压往往会带来很大的压力，一旦遭遇失败还会带来很大的挫败感。

在华为公司，也有很多新员工一进入公司就下定决心要做出一番大事业，任正非并不反对员工拥有这样的大梦想，但是员工如果只想着做大事，就会出问题。他建议华为的员工一定要保持平和的心态，可以有梦想但不要让梦想成为负担。有能力做大事的人，可以做一些力所能及的大事，做不了大事的也没必要强求自己，应该换一些难度小一点的工作来做。

比如，在进行创新的时候，过去有很多华为员工认为创新就是研发出一些能够颠覆传统且改变世界的产品或者技术，所以都拼命求新，努力想着要做出完全不同的东西，结果白白浪费了大量的时间和资源，而且自己也承受了很大的心理压力。任正非知道后，及时制止了这种不正确的做法，他觉得创新可以是大事，也可以是小事，创新关键还要合乎自己的能力以及实际需求。

正是因为这样，任正非始终不太赞同员工们对于事业进行盲目的“高大化”处理，不赞同员工张口闭口就是大事，就要追求与众不同，就要出类拔萃。所以，在工作中，他尽量按照个人的能力和水平安排岗位，有的人被安排在重要的岗位上，有的人则主要做一些普通的工作。有个老员工在华为公司待了将近20年，所做的工作只有一件，就是帮忙管理和整理研发工具。尽管工作很枯燥，也没有什么技术含量，不过这个员工仍旧尽职尽责，在他看来，那些做大事的人是在工作，自己做的工作虽然不那么重要但也是工作，这是自己的事业，因此也没有理由感到自卑和难过。

正因为没有用区别之心来对待不同的职位和工作，华为人才能够坚守自己的岗位，乐观豁达地看待自己的工作，在本职工作上感受到工作带来的乐趣。所以，任何一个员工在工作中都应该端正自己的心态，不能一味地想着做大事，而应该正确地认识自己工作的目的，正确地评估自己的能力和价值，这才是快乐工作的前提，也是成功的前提。

对于任何一个人而言，工作中都应该更加踏实稳重一些，毕竟生活最终扎根于现实，工作也应该符合现实的需求，因此工作中一定要懂得适度降低自己的要求和期望，要依据自身的能力去衡量自己的工作选择，能力有多大，就做多少工作，对自己提出一些不切合实际的要求，只会让自己承受更大的痛苦和折磨。任正非曾经指出那种“干大事”心理所带来的弊端，他觉得过分执着于做大事或者成为“了不起”的人，会让奋斗者变得心高气傲、好高骛远，专注于“大事”而忽视了一些小事和细节，同时也会对上司的命令和安排产生抗拒心理，比如，会觉得大材小用，觉得怀才不遇，觉得自己应该尽快跳槽，到最后反而一无所成。

此外，任何一个人都需要更多、更高的梦想和追求，但不一定远大的梦想才称得上是梦想，不一定做成了大事才算是真正的自我证明，只要完成了自己能够做到的事，只要做好了分内之事，那么无论是大事还是小事，都值得尊重和鼓励，也都能够体现出工作的价值。相反，如果因为自己的工作价值小，因为工作层级很低，且没什么值得炫耀的，而瞧不起自己的本职工作，那么只会在工作中越来越痛苦。任正非认为华为公司中永远只有少数人能够成为精英，但是任何一个员工都值得尊重，而员工也应该给自己一点尊重。

“一定要做成大事”的心态不可取，因为工作是没有等级划分的，也不应该有等级上的划分，做大事的人有做大事的骄傲，做小事的也有做小事的轻松，做人要懂得享受工作，要懂得充分享受每一份工作以及工作中的每一天，只有端正态度，才会在工作中感到充实，才会真正拥有成就感和快乐感。

7. 正确地认识自己的价值

正确评估自己，不要做一个完人。

——任正非

“为什么我只有这么少的工资？”“为什么别人的奖金要远远比我更多？”“为什么到现在也没人重用我？”这是职场上经常会听见的话，很多人都会有这样的疑惑和抱怨，觉得自己获得的尊重大大低于自己的能力和水平，认为所获得的职位和工资也与自己的实际水平不相匹配。

不过反过来说，为什么领导只愿意给你开这么少的工资？为什么领导给别人的奖金要比你更多？为什么到了现在领导也没想过要重用你，更没有给过你任何好好表现的机会？这样的反问才真正值得思考和关注，换句话说，为什么你的想法与领导有如此大的出入呢？到底是怀才不遇还是遇不怀才？

归根结底，真正的困惑在于自我认知的不足。成功学导师卡耐基认为多数人都对自己不够了解，因此也就没有办法客观地评估自己的能力。多数人会想当然地认为“我应该可以做得更好”“我应该得到更多”，这种猜测毫无意义，最好的方式就是亲自去做，然后看看工作的结果。通常情况下，这个结果就是最客观、最直接的评价依据，也是自我认知的最好方法。

正因为如此，华为始终坚持严格的考核制度，员工的薪酬制度往往建立在业绩考核制度的基础上。比如，员工每个月、每个季度或者每一年的奖金都和自己的业绩挂钩，业绩更加突出、更加高效的员工，奖金往往更多，也更容易获得提拔。这些业绩都被记录在册，管理者和员工可以随时去查看，通过查看，管理者就可以知道员工是不是值得发放更多的奖金，是不是值得提拔，而员工也可以通过业绩考核的成绩来直观地了解自己的工作情况，了解自己的能力和价值。

即便是工资的发放，华为也有自己的工资级别体系，公司会根据每一个员工的实际表现和能力来给予相应的级别，其中第13级最低，第22级最高，每个级别中还分为C级、B级和A级三个档位。虽然新进入公司的员工级别相对较低，但是通过努力工作，员工的级别是可以得到提升的，而那些工作表现不那么好的员工，就得不到提升的机会，甚至会受到降级处理。所以，员工如果发现自己的级别一直没变，那么肯定是工作不那么出众；如果发现自己的级别降低了，一定是工作表现比较糟糕，工作价值偏低。

在安排工作的时候，每个员工都会尽量被安排在相对适合的岗位上，而这种分配其实就是根据员工在实习和日常工作期间的表现来进行的。员工能做什么、善于做什么，能够做多少或者多好，这些都是岗位安排的直接依据，员工自己对此也是心知肚明。

华为公司一直在都想方设法明确每个员工的定位，包括职位、岗位、能力、价值的定位，这能够帮助员工提升自我认知能力。在企业中，虽然也会存在怀才不遇的情况，会存在能力出众却被打压的情况，但多数情况下，个人的薪酬实际上都与自己的能力、业绩相匹配，至少差距不会太大，因此无论是高工资还是低工资的分配都是理所当然的。员工没有必要因为自己的待遇不高、职位不高而感到懊恼和失落，因为你可能只能创造这么多的价值，你的工作价值只能配得上这样的薪资水平和职位。

心理学家认为，一个人的情绪变化幅度通常和期望值与实际值之间的反差有关，期望值与实际值的反差越大，个人的心理落差就越大，情绪就越低沉，就越是有很大的起伏；反之，反差越小，情绪就越平和稳定。员工的失落感和抱怨情绪实际上就和反差有关，但多数员工可能迷失在这种反差中，而没有分析造成反差的原因是什么。客观来说，还是能力认知问题，认知能力越差的人，就越难以控制好自己的期望值。

美国总统肯尼迪有一句名言："不要问国家为你做了什么，而要问你为国家做了什么。"这句话在企业中同样适用，一个员工收获的工资和奖金，往往取决于他真正创造出来的工作价值。如果员工感觉自己薪水偏低，感觉公司亏待了你，那么先不要急着抱怨，不妨先认真做一下检讨，看看自己的业绩有多少，看看自己为整个公司贡献了多少。

任正非认为华为公司不会轻易埋没一个人才，但也不会轻易让一个庸才上位，一切都要靠员工自身创造的价值来决定，所以员工们与其情绪低落、抱怨连连，倒不如想办法认清自己的实际能力。自我认知是自我改变、自我完善和自我提高的前提，员工通过清醒的自我认知，能够发现自己和其他人之间的差距，能够意识到自身存在的不足之处，从而想办法继续努力提升自己。员工只有获得提升和完善，待遇才会增加。

8. 绝对的公平是没有的

> 您有时会感到公司没有您想象的公平。真正绝对的公平是没有的，您不能对这方面期望太高。
>
> ——任正非

有很多员工会在工作中觉得不如意、不开心，甚至故意消极怠工。一部分原因是工作压力大，但也有很大一部分原因可能是待遇问题。比如，当员工不满意现有的工作待遇，或者觉得自己受到了不公正的对待时，就可能会产生一些消极、负面的心理。

“公平”是企业中最常见的话题，也是管理者常常要面对的问题，如何才能让所有的员工信服，如何才能让所有人都满意，这往往很难做到，而且几乎不可能做到。因为公平没有一个明确的定义和标准，什么才是公平？怎样做才算公平？公平又是通过哪种形式体现出来的？

比如，企业中的利益分配就是一个大难题，是按工龄来计算工资，还是按技术计算？是按劳分配，还是平均分配？提拔人才也常常难以服众，是依据个人的专业技能，还是管理才能？是依靠业绩，还是领导的眼光？是民主推荐，还是上级提拔？总有人会提出不同的意见，总有人会对结果提出质疑，既然没有办法做到让所有人满意，那么就谈不上真正的、完全的公平。

每一家企业都在想办法实现公平，每一个管理者都努力营造公平的环境，每个员工也都在努力追求公平，但真正的公平并不会实现。多年来，任正非在华为公司内部推行利益共享制，认为利益分配应该照顾到华为的每一个员工，他还提出了“工者有其股”的理念。不过利益共享并不是利益均分，不可能每个人都得到同等的待遇。

1996年，华为公司的市场部员工出现了集体大辞职的现象，而引发这一事件的直接原因就是华为内部对于公平的质疑。据说，当时很多华为新员工对于老员工的工作状态感到不满，这些老员工因为早进入公司几年，股权收益很大，工资和奖金也有了保障，可以说成了公司里的有钱人，有钱之后，这些老员工就失去了进取心，工作也没有了以往的干劲，这让新人觉得很不公平。

任正非知道后，就倡导了“先辞职再上岗就业”的计划，结果出现了市场部大辞职的现象。在这一次大辞职中，很多能力不强、工作业绩不突出的干部被降职处理，而一批有才能的员工得到了提拔。通过重新洗牌，华为市场部的人力资源做了一次相对公平合理的分配。

这只是华为对于“公平”所作的一次努力，即便是这样，任正非认为绝对的公平是不存在的，因为一批对华为的发展有过很大贡献的老员工被调整下来，这对他们来说是不公平的。薪酬问题一直是有关“公平”的敏感话题，华为在工资分配上实行“以岗定级，以级定薪，人岗匹配，易岗易薪”的原则，因此工资的标准实际上是固定的，完全可以参照员工级别的规定来分配。

这个分配制度看起来比较公平，但是有些级别很高的人未必比级别低的人能力更强，因为级别和工龄有关系。按道理，每个人的工作能力和业绩既然都不同，那么就要给予不同的薪酬，那么该如何给那些能力出众的人一些应有的补偿呢？工资上做不到公平，那么只能从奖金上来弥补。

可是，在过去很长一段时间里，华为实行平均主义，奖金的发放非常均衡。这似乎是一种最大的公平，可是有的人做了很多的工作，有的人什么也没做，有的人做得非常好，有的人常常工作不合格，这样一来，平均分配就对那些努力奋斗的人不公平了。所以，任正非建议打破奖金分配的均衡制度，不仅要打破跨区域间的平衡、打破区域内部的平衡，更要打破人与人之间的平衡。如果公司发现某一个部门内部的奖金分配很平均，那么该部门的干部就要受到降职或调职处理。

任正非说：“利益分配永远是不平衡的。我们进行岗位变革也是有利益重新分配的，比如大方丈变成了小方丈，你的庙被拆除了，不管叫什么，都要用正确的心态来对待。”通过分配制度的改革，华为公司强调了一点：对于那些努力奋斗的人来说，发展的机会总是均等的，只要敢于奋斗，只要有吃苦耐劳的精神，只要能够创造出出色的业绩。

其实，和华为公司一样，任何企业都会存在不公，所谓的公平从来都不是绝对的。有的员工能力差，反而成了干部；有的员工贡献小，却分配到了较多的股权；有的人工作任务少，却拿到了与其他人相同的工资；有的员工默默奋斗多年，结果一直没有被提拔上来；有的员工做了很大的贡献，可是一直没得到重用。这些情况不可避免，也难以被及时发现或者进行妥善处理。而且公司对于员工的评价本来就会出现误差，但是这种误差通常都不那么大，还没有到那种颠倒黑白、相差千里的地步。

所以，不要总是抱怨公司的不公，每个人都应该相信“只要是金子，那么最终还是会发光的”，任何一个有能力的人最终都会得到公司的关注和认可，即便现在被埋没和忽视，但只要坚持做下去，只要保持良好的心态，那么一定能够受到重用。任正非过去一直强调：“有的人做了贡献反而受到委屈，这的确不公平，不过这是华为人对待委屈和挫折的态度和挑选干部的准则。没有一定的承受委屈的能力，往往得不到重用，因此受委屈的人的命运，实际上仍旧掌握在自己手中。”所以，对于那些感到怀才不遇的员工来说，不妨保持乐观积极的心态，也许暂时的埋没是对自己最好的锻炼。

9. 不要盲目攀比

人是有差距的，要承认差距存在，一个人对自己所处的环境，要有满足感，不要不断地攀比。你们没有对自己付出的努力有一种满足感，就会不断痛苦地折磨自己。真是身在福中不知福。

——任正非

有些员工总喜欢拿工资说事儿，常常打听别人的薪酬是多少，看看别人的工资是不是比自己要高很多。这种相互攀比的现象往往会给同事之间的合作带来麻烦，伤害同事之间的感情，同时还会造成工作积极性下降、情绪低落的情况。比如，工资比别人低的人会闷闷不乐，四处抱怨自己得到的机会不多；工资比别人高的人，虽然会扬扬得意，认为自己做得比其他人都要好，但是肯定会有人比自己的工资还要高，这种对比往往又会让他们在感情上遭受重创，最终导致情绪低落。

为了确保员工能够保持良好的工作状态，在华为公司内部，高层干部尽量防止员工相互攀比，比如在员工最关心的员工持股明细这个问题上，华为公司总是三缄其口，尽量做好保密措施。之所以这么做，其中很大一个原因就是担心公司一旦公布持股明细，会引发员工的猜忌和攀比。

任正非时常教育自己的员工要知足常乐，他告诫员工说："人生一定要有一个自我的满足感。你要和社会去比，和自己的纵向比，和你爸爸妈妈比。你想你爷爷那个时候可能一个月只有四五十块钱的工资，到你爸爸妈妈那时候一个月可能就有四五百块钱工资了，到了你有四五千块钱工资啊。实际上你已经有很大进步了，对吧？你想要更大的进步，你就需要更大的努力，所以不存在新老员工之差。”

正因为如此，华为人很少在工资上斤斤计较，更不会因此而嫉妒同事。因为谁都明白工资虽然有高有低，但是和国内同行相比，自己的工资水平算是比较高的。很多进入华为的新员工都有这样的感悟：觉得自己收获的第一份工资很多。尽管和管理人员或者一些老员工相比，他们的工资可能微不足道，不过与自己的家人、朋友、同学相比，已经很不错了。有人曾经在华为公司做了一个内部调查，发现超过60%的员工对自己的工资比较满意，而在新员工中，有高达95%的人满意自己的工资。

这种觉悟不仅在于自我满足，还在于对自身价值的认可。有些员工之所以会嫉妒别人，之所以总想着要比别人好，总想着做到别人没有做到的事，往往是因为不自信，不认可自己的价值，他们会认为自己的工作缺乏意义，认为自己地位低下，认为自己的成就比不上他人。

如果将企业比喻成一部运转的机器，那么员工就是这部机器上的小部件。有的员工能力、地位出众，就成了核心部件；有的员工由于工作属性以及能力问题，就成了机器上的附件。虽然功效有大有小，地位有高有低，但是对于整个机器来说，想要实现高速运转，任何一个部件都不可或缺，引擎的确很重要，但是螺丝钉同样重要。企业不会因为员工是螺丝钉就抛弃他们，而员工也没有必要因为自己是螺丝钉而心生自卑或滋生不满。

在华为公司，管理者重视每个员工的价值和能力，也尊重每个员工的劳动成果和贡献，员工自己也能够自我尊重、自我认可。很多华为人从骨子里都透着一股自信和骄傲的劲头，不管自己做什么工作，不管自己的级别是高是低，不管自己的工作重不重要，他们都因自己能够在华为工作感到骄傲，都对自己所胜任的工作感到骄傲。

任正非曾经和那些在华为公司扫地的阿姨们聊过天儿，她们都显得很自信，笑着表示“如果没有自己的劳动，那么员工们恐怕就找不到一个干净的地方上班了”。这些扫地阿姨身上散发出来的气质和成就感甚至感染了任正非，他后来在内部会议上，重点提到了成就感的问题，觉得员工要做的就是发现自己的价值，就是享受自己做出的业绩和成就，就是要将自己当成企业中不可或缺的一部分来看待。他建议所有的员工都要向这些阿姨们学习，都要认真做好自己的工作并认可自己工作的价值。

对于任何人来说，工作中都需要保持进取心和上进心，但是不要盲目攀比。攀比并不是真正的竞争意识，而是一种畸形心理，喜欢攀比的人往往瞧不起自己的工作，瞧不起工作中的小事，也缺乏足够的自我认知，因此会在工作中感到压抑和痛苦。简单来说，喜欢攀比的员工也许并不懂得工作的真谛，也没有真正去享受工作。

对于那些准备以享受的心态来工作的人来说，首先，对自己的工作要建立一定的满足感和成就感，无论自己做什么，只要自己的力量发挥到最大水平，就应该对自己的工作感到无怨无悔；其次，要无差别地对待自己的每一份工作，哪怕只是一件小事，哪怕自己的工作并不那么重要，都要全力以赴，因为把小事做好做精，也是一件了不起的事，而且小事情上也能做出大成绩。

另外，不要总是很羡慕那些收获比你多的同事，因为职场上的一切荣誉都要靠自己的努力去争取，都要靠实力和业绩说话。自己的实力只有那么多，或者只适合干这份工作，那么就没有必要嫉妒别人。与其在羡慕中嫉妒和失落，倒不如实实在在地在合适的岗位上继续提升自己，这样成功的机会反而会更大一些。